GRANADA
INSÓLITA Y SECRETA

César Requesens

EDITORIAL JONGLEZ

Guías de viaje

César de Requesens Moll (César Requesens) es escritor, periodista y profesor de Escritura Creativa del Centro Cultural Casa de Porras de la Universidad de Granada. Experto conocedor de la realidad, la cultura y el patrimonio granadino, en 2008 fundó la empresa Granada Secreta (www.granadasecreta.es) especializada en turismo cultural lejos de lo convencional. En su dilatada trayectoria profesional ha trabajado en los diarios *La Crónica de Granada*, *El Faro de Motril*, *La Opinión de Murcia*, *La Opinión de Málaga* y la *Opinión de Granada*, siendo en la actualidad columnista semanal del diario *Granada Hoy*. Es autor de obras de ficción ('*Supermercado del espíritu*', '*Tú no eres tú*', '*Siete relatos dispersos*') y de la anterior edición de la guía '*Granada insólita y secreta*' de esta misma editorial.

Ha sido un verdadero placer para nosotros elaborar la guía *Granada insólita y secreta* y esperamos que, al igual que a nosotros, le sirva de ayuda para seguir descubriendo aspectos insólitos, secretos o aún desconocidos de la ciudad. La descripción de algunos de los lugares se acompaña de unos recuadros temáticos que mencionan aspectos históricos o cuentan anécdotas permitiendo así entender la ciudad en toda su complejidad.

Granada insólita y secreta señala los numerosos detalles de muchos de los lugares que frecuentamos a diario y en los que no nos solemos fijar. Son una invitación a observar con mayor atención el paisaje urbano y, de una forma más general, un medio para que descubran nuestra ciudad con la misma curiosidad y ganas con que viajan a otros lugares...

Cualquier comentario sobre la guía o información sobre lugares no mencionados en la misma serán bienvenidos. Nos permitirá completar las futuras ediciones de esta guía.

No dude en escribirnos:
Editorial Jonglez, 25 rue du Maréchal Foch
78000 Versailles, Francia
E-mail: info@editorialjonglez.com

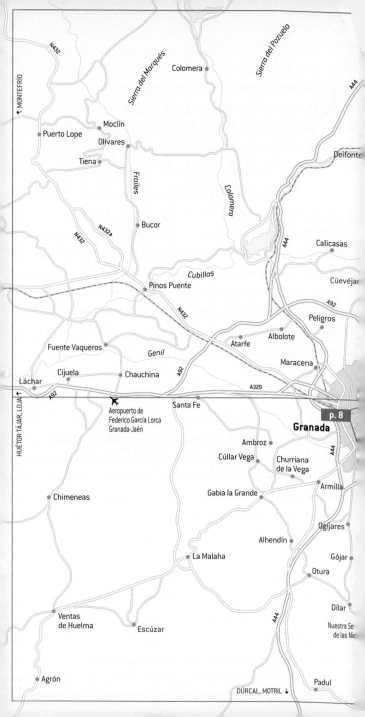

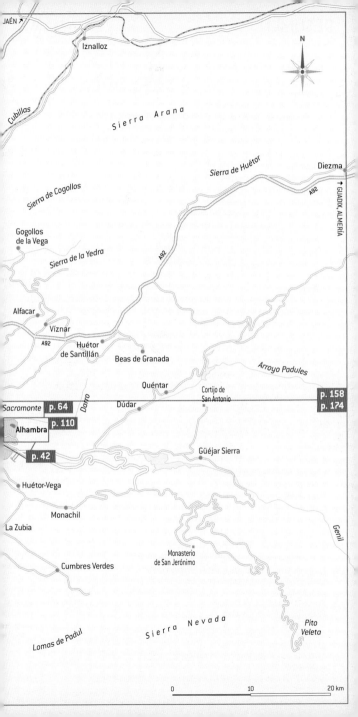

JAÉN ↗

Iznalloz

Cubillas

Sierra Arana

N

Sierra de Huétor

Diezma

→ GUADIX, ALMERÍA

A92

Sierra de Cogollos

Gogollos
de la Vega

Sierra de la Yedra

A92

Alfacar

Víznar

A92

Huétor
de Santillán

Beas de Granada

Arroyo Padules

Quéntar

Cortijo de
San Antonio

p. 158
p. 174

Sacromonte **p. 64**

Darro

Dúdar

p. 110

Alhambra

p. 42

Güéjar Sierra

Huétor-Vega

Monachil

La Zubia

Genil

Monasterio
de San Jerónimo

Cumbres Verdes

Lomas de Padul

Sierra Nevada

Pito
Veleta

0   10   20 km

RESUMEN

Centro histórico

Realejo

Albaicin y Sacromonte

Alhambra

Alrededores norte

Alrededores sur

Centro histórico

PABELLÓN PSIQUIÁTRICO DE LA FACULTAD DE BELLAS ARTES ALONSO CANO

Arte Terapia

Avenida de Andalucía, s/n
bellasartes.ugr.es
Sede Edificio Aynadamar
958 243 819

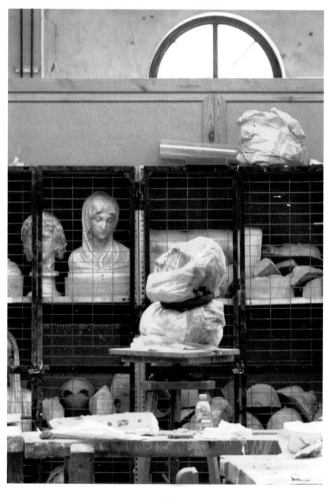

La actual y flamante Facultad de Bellas Artes ocupa las instalaciones de lo que durante más de un siglo fuera el hospital mental de la provincia. Prueba del antiguo uso que tuvo este gran edificio es el pequeño pabellón psiquiátrico aún vigente dentro del mismo recinto, la comunidad terapéutica Granada Norte. Son atendidos aquí algunos enfermos que, de cuando en cuando, se dejan ver en la cafetería de la facultad confundidos entre la variopinta indumentaria de los aspirantes a artistas que cursan sus estudios en Granada.

Los pacientes acceden a la facultad con toda libertad, y los estudiantes al hospital, símbolo quizás para unos y otros de la conexión entre creación y locura. La relación de los pacientes con los estudiantes es pacífica, incluso se han realizado, gracias a esta proximidad, tesis sobre la nueva disciplina de la cordial y pacífica arteterapia, con experiencias en las que los enfermos agudos de este pabellón psiquiátrico pintaron obras de Modigliani, Munch o Van Gogh dando su versión sobre las mismas.

Las rejas que cubren los ventanales de las aulas, los profundos pasillos que se extienden por los sótanos, la numeración de las antiguas salas de enfermos, recuerdan que las mismas salas donde hoy se pinta al natural o se crean esculturas y/o instalaciones artísticas, sirvieron para curar dolencias del ánimo o de la razón de los dementes de la provincia.

En el año 2003 se exhibió una muestra titulada *El recuerdo fugitivo* en la Corrala de Santiago, con obras en las que los pacientes de la comunidad terapéutica reinterpretaban a los grandes maestros.

ESCUDO DE LA REPÚBLICA ②

El escudo olvidado de la República

Fachada de la antigua cárcel
Avenida de Madrid (junto a la plaza de los Cármenes)

Uno de los raros vestigios de la República Española en la ciudad de Granada es el escudo que permanece fijado en la entrada principal de acceso de lo que fue la siniestra cárcel provincial, hoy desaparecida.

Con la finalización del régimen franquista se abolieron por ley todos los símbolos republicanos. Sin embargo, parece que el escudo pasó desapercibido para todos durante años, sin saberse nunca el motivo. Resulta irónico que, debido a este descuido, la ingente cantidad de presos políticos que por aquellos días eran conducidos a la cárcel era recibida por el símbolo de una república por cuya lealtad se les exigía su libertad en sacrificio.

Sólo queda en pie parte de la fachada principal y su escudo, como la única memoria de los que tuvieron que cumplir allí su pena. El presidio desapareció con la construcción de uno nuevo en la cercana población de Albolote.

La antigua cárcel fue incluida en 1985 (y excluida en 2001) en el catálogo de edificios singulares o de interés artístico de la ciudad. Construida según las trazas del arquitecto Felipe Jiménez Lacal en ladrillo visto y con reminiscencias tanto clásicas como mudéjares, fue destruida para dejar libre un espacio en el corazón de una nueva Granada democrática. No así la puerta con su escudo, cuyo preciosismo y colorido la salvaron de la desaparición definitiva junto con el torreón que lo sustenta.

El escudo republicano, muy similar al actual, difiere en que la corona que ciñe el escudo estaba orlada por una corona de roques (torres), símbolo heráldico de la II República Española. Fue en 1931 cuando se decidió retomar esta antigua composición que incluye los emblemas de Castilla, de León, de Aragón y de Navarra, así como el entado en punta de Granada.

Rejas de la cárcel en la plaza de la Libertad

Al derribar la piqueta la antigua cárcel, la reja que rodeaba el recinto fue trasladada hasta una cercana plaza donde, ironías de la historia, fue ajusticiada la heroína Mariana Pineda. De este modo, la plaza hoy conocida como 'Plaza de la Libertad', en memoria de la insigne mujer allí ejecutada, está hoy 'apresada' por las rejas de una cárcel que ya sólo permanece en las pesadillas de aquellos que la habitaron.

SALÓN DE ACTOS DEL COLEGIO MÁXIMO DE CARTUJA ③

Una antigua capilla en la facultad

Facultad de Comunicación y Documentación (Biblioteconomía)
Campus universitario de Cartuja, s/n
958 246 252
De lunes a viernes de 9 a 14 h
Visita previa petición en secretaría

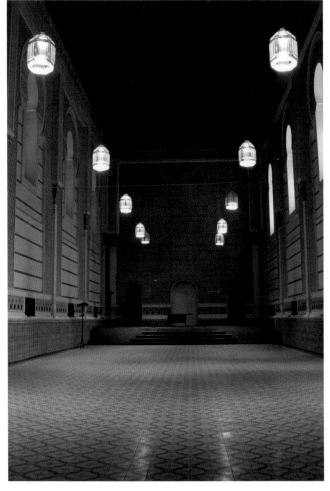

En un recóndito pasillo del Colegio Máximo de Cartuja se esconde lo que fue una enorme capilla de los tiempos en los que la Compañía de Jesús construyó el edificio como Facultad de Teología (ver más abajo).

Hoy es el bellísimo salón de actos de la Facultad de Biblioteconomía, una joya arquitectónica que se encuentra al final de muchos, muchos pasillos, transitados por apresurados estudiantes que van o vienen de clase. La estancia rectangular sigue transmitiendo la sensación de recogimiento de los tiempos en que los novicios, aún jóvenes, recibían la misa y entregaban sus almas a Dios.

La sala es un remanso de paz envuelto en penumbras, pues la luz es escasa. Entra tamizada por los ventanales, iluminando las gigantescas columnas pintadas al fresco en los muros. El techo, que imita el estilo mudéjar, estuvo revestido de pinturas con motivos religiosos. El coro es hoy una balconada donde se reúnen a veces profesores y alumnos del centro. Los bancos y reclinatorios de los devotos han sido sustituidos por las innumerables sillas para los asistentes a las galas y conferencias que se organizan en la facultad. Esta magnífica habitación sólo se utiliza para grandes ocasiones.

Colegio Máximo de Cartuja

El Colegio Máximo que la Compañía de Jesús fundó como noviciado en 1894 fue el primer edificio erigido en el entorno de Cartuja, en la actualidad principal campus de la Universidad de Granada.

Obra del arquitecto Rabanal, la construcción refleja el gusto de la época por el estilo historicista. Está revestida de ladrillos que dibujan arcos de herradura en algunas zonas y está enmarcada en la fachada principal por dos torres centrales con un grupo escultórico que representa el Corazón de Jesús, añadido en 1916.

Cuatro torres, cuatro patios y cuatro pisos en las torres (tres en los cuerpos intermedios) componen en total esta mole cuadrangular. Adquirido por la universidad para su derribo en los años setenta, permaneció abandonado durante décadas, hasta que el Ministerio de Cultura lo declaró monumento histórico-artístico en 1983.

MUSEO DE CIENCIAS
DEL INSTITUTO PADRE SUÁREZ

Un museo naturalista del siglo XIX

Gran Vía, 61
958 893 120
De lunes a jueves de 10 a 12 h. Miércoles de 17 a 19 h
Visita guiada
*Grupos de 15 personas para menores de 13 años y de 20 personas para mayores
de 13 años*
Entrada gratuita con reserva previa

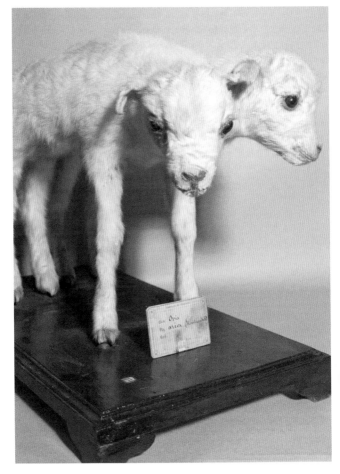

Desde su fundación en 1845, el Instituto Padre Suárez inició una colección de objetos e inventos curiosos de la técnica y extraños animales disecados que se pueden ver en las salas de la planta baja del centro de enseñanza.

En sus comienzos podría haber sido el mejor museo de 'rarezas' científicas de toda Andalucía, sin embargo quedó relegado al olvido durante décadas. No fue hasta el año 1997 cuando se acondicionaron adecuadamente sus salas y se añadieron 4 000 elementos naturales más, entre ellos fósiles, aves y mamíferos.

Entre las creaciones de la naturaleza que se exhiben y que fascinaron a los científicos del siglo XIX hay una oveja con seis patas y otra con dos cabezas. También hay un espeluznante encéfalo humano troceado para poder apreciar y estudiar todas sus partes. Hay inventos y curiosidades de la técnica como una hermosa colección de caleidoscopios artísticos del siglo XIX, una lupa de agua o una linterna mágica (precedente de nuestro cine).

También se añadieron antiguos materiales científicos de observación y análisis que permitían conocer por entonces la fauna ibérica, como el quebrantahuesos y el lince ibérico de Sierra Nevada. Las colecciones datan, en su mayor parte, del siglo XIX y se exhiben en cuatro salas y un pasillo. Suponen un repaso al instrumental de trabajo que usaron aquellos científicos como un primer intento del hombre por catalogar y clasificar el orden de las especies.

El pionero e impulsor del muestrario fue el primer catedrático de ciencias, Rafael García y Álvarez, conocido por su labor de divulgación del darwinismo en España. Realizó la primera catalogación de la muestra en 1886.

El catedrático José Taboada Tundidor continuó esta compilación, añadiendo las colecciones de estereoscopia de Anatomía Humana y ampliando el material científico con la incorporación de microscopios, brújulas y otros instrumentos de la época.

En la actualidad, el profesor Luis Castellón continua esta labor centenaria en favor de la divulgación científica alimentada por el trabajo desinteresado de los profesores.

MUSEO DE MINERALES DEL DEPARTAMENTO DE MINERALOGÍA Y PETROLOGÍA

Piedras exóticas

Facultad de Ciencias
Avenida Fuentenueva, s/n
958 248 535
minpet@ugr.es
ugr.es/~minpet/
De 9 a 14 h
Responsable del museo: Prof. Dr. Fernando Gervilla Linares

En el pasillo central de la segunda planta del departamento de Mineralogía y Petrología un conjunto de 21 vitrinas convenientemente iluminadas acogen una importante exposición de minerales en la Facultad de Ciencias de Granada.

La labor metódica del departamento de Geológicas y la cátedra de Cristalografía, Mineralogía y Mineralotecnia han conseguido reunir, datar y catalogar alrededor de tres mil ejemplares desde la década de los años setenta. Sólo se exponen al público unos 1.300, entre los que se cuentan más de 500 muestras procedentes de todos los rincones del mundo.

La exposición no destaca por la belleza de la exhibición, ya que su función es más bien didáctica, sino por las verdaderas rarezas que acoge procedentes de diversos puntos de la Península Ibérica: antimonio y periclasa de Málaga, nordstrandita de Haro, geikielita de la Coruña, carbonato-cianotriquita de Beninar o pumpellita de Antequera. También contiene una bella colección de las paragénesis y asociaciones minerales de los yacimientos de Tsumeb (Namibia, África), donada por la empresa que los explota y que ocupan un lugar de honor en la exhibición.

Otras piezas llamativas que forman parte de este pequeño museo son la galena de Herrerías (variedad quiroquita), la barita de San Giner de la Jara, las fluoritas asturianas y los bellos cuarzos y ágatas del Brasil.

El grueso de la colección está compuesto por los conocidos yesos, granates, baritas y celestinas de España y por los minerales de la provincia de Granada. De las provincias de Murcia, Andalucía, Ciudad Real y Badajoz hay menas, gangas, asociaciones y rocas encajantes de yacimientos y hasta algunos sorprendentes minerales orgánicos, variaciones de carbón y una selección de rocas industriales.

La colección actual se inició con la compra de 300 minerales, rocas y carbones en Alemania a finales del siglo XIX, para el entonces llamado Gabinete de Mineralogía de la Universidad de Granada. La colección fue trasladada varias veces debido a los cambios de ubicación de la Facultad de Ciencias produciéndose diversas pérdidas de material que se han compensado con el tiempo.

EL CAMARÍN DE SAN JUAN DE DIOS

El tesoro de la basílica

Basílica de San Juan de Dios
San Juan de Dios, 23
958 275 700
De lunes a sábado de 10 a 13 h y de 16 a 19 h, domingo cerrado

Creyentes y amantes del arte pueden disfrutar del pequeño museo situado alrededor del camarín de San Juan de Dios, en el altar de la basílica dedicada al santo granadino donde se guardan, en urna de plata, sus restos mortales.

Se trata de un 'micro' museo dividido en sacristía, escalera de acceso, ante-camarín, camarín y post-camarín, además de ser un espacio para el recogimiento y el silencio. Pocos de los fieles que asisten a diario a la muy concurrida iglesia saben de la existencia de tan ingente cantidad de obras de arte que se esconden detrás del altar.

En la misma sacristía, se guarda un trozo de hueso de San Juan de Dios en una urna de taracea, para veneración de los fieles. Azulejos de Triana, techos pintados por Saravia y Tomás Ferrer, un crucifijo de Alonso Cano o una Sagrada Familia de Risueño se pueden contemplar desde la escalera de acceso. También hay un niño Jesús dormido (siglo XVIII) que descansa en un rellano y, un poco más adelante, una Virgen de la Encarnación pintada sobre cobre por el artista Becerril, además de dos jarrones de porcelana china del siglo XVI (dinastía Ming) que presiden el ante-camarín.

Oro, plata y bronce brillan en el camarín, en cuyo centro está la urna de plata, que encierra otra de madera con los huesos del santo, rodeada de reliquias santas: el crucifijo con que San Juan de Dios murió, en sus manos y de rodillas, en la Casa de los Pisa, el 'Lignum crucis' –trozo de la cruz de Jesucristo–, y una espina de la corona de Cristo, autentificada por Benedicto XIV.

Por todo el derredor de la urna se reparten pequeños trozos de hueso de cada uno de los santos que la Orden Hospitalaria de San Juan de Dios tuvo en su historia (San Juan Grande, San Ricardo Pampuri, entre otros muchos). De las paredes del camarín cuelgan hasta 123 cofres de cristal con restos de mártires del siglo I, traídos desde las catacumbas de Roma (como los de San Teodoro mártir o Santa Felisa mártir).

El camarín estaba revestido enteramente de plata, pero en 1808, durante la invasión francesa, todo se perdió, salvo la urna, prudentemente escondida.

El espacio, de tan deslumbrante y barroco, resulta sobrecogedor para los tiempos actuales, pero habitual en otras épocas en las que un gran número de reliquias santas en una iglesia aumentaban su relevancia.

TUMBA DE 'EL GRAN CAPITÁN' ⑦

El gran Capitán de Granada

Altar mayor de la Iglesia de San Jerónimo
Rector López Argüeta, 9
958 279 337
De lunes a viernes de 10 a 13.30 y de 16 a 19.30 h
Sábado, domingo y festivos de 10 a 14.30 h y de 16 a 19.30 h (de marzo a
octubre); de lunes a viernes de 10 a 13.30 h y de 15 a 18.30 h
Sábado, domingo y festivos de 10 a 14.30 h y de 15 a 18.30 h (de octubre a
marzo)

A los pies del altar mayor de la iglesia del monasterio de San Jerónimo, una lápida custodia los supuestos restos de Gonzalo Fernández de Córdoba y Aguilar, apodado por sus pericias militares y sus triunfos a favor de la corona castellana como 'El Gran Capitán'.

Sin embargo, recientes análisis de ADN han demostrado que estos no son sus huesos: su tumba pudo haber sido expoliada por las tropas francesas durante la Guerra de la Independencia (1808-1812), un argumento que podría tener su explicación en las derrotas que el gran general español infringió en el pasado al país vecino.

Tras su muerte, su viuda María Manrique, duquesa de Sessa, acudía cada día a supervisar la construcción del monasterio de San Jerónimo, que albergaría los restos de su marido, tras el primer entierro de El Gran Capitán en el Convento de San Francisco Casa Grande de San José. La calle en la que habitó su esposa mientras terminaban las obras y el camino por el que se dirigía diariamente hasta el monasterio es hoy la calle Duquesa.

Ahora, la tumba del que fue considerado un héroe, permanece solitaria, abandonada por el devenir del tiempo.

Las cuentas del Gran Capitán

Años de geniales batallas en defensa del rey de Nápoles valieron a Gonzalo Fernández de Córdoba y Aguilar el sobrenombre de 'Gran Capitán'. Conocedor de la eficaz forma de batallar de los jinetes granadinos, transformó el arte de la guerra al superar el inmovilismo medieval con una ágil utilización de la infantería.

La muerte de Isabel la Católica en 1504 distanció a Fernando el Católico de Don Gonzalo, dando origen al famoso episodio de 'Las cuentas del Gran Capitán': el rey acusó a Don Gonzalo de un mal uso del capital encomendado para la guerra. El Gran Capitán respondió con una exhaustiva rendición de cuentas. En el Archivo de Simancas, Valladolid, se conservan los documentos de la guerra de Italia: mil folios cosidos en los que se detallan los comprobantes de ingresos y gastos por partidas, con detalles como el nombre de cada capitán o marinero que hacía el gasto, que acallaron cualquier posible réplica del monarca. El suceso fue recogido para la historia por el dramaturgo Lope de Vega en su obra *Las cuentas del Gran Capitán*.

PLACA DE LA CALLE NIÑOS LUCHANDO

Un golpe de suerte con un saco de monedas

Calle Niños Luchando

La calle Niños Luchando debe su curioso nombre a una pelea que tuvo lugar entre dos hermanos en una habitación que daba a esta céntrica calleja granadina.

Los niños, envueltos en su agitada lucha, fueron a dar en uno de sus embates con un endeble tabique que, al recibir el peso de ambos, se vino abajo dejando caer entre ladrillos y yesones, un saco lleno de monedas de oro y plata.

El padre de los chiquillos, lleno de alborozo por tan inesperada fortuna, mandó poner en la fachada de su casa un bajorrelieve que, aunque fue retirado con el tiempo, recogía la escena de la contienda infantil que tanta suerte trajo a aquella humilde familia granadina.

Otras calles con nombres curiosos

- **Calle Silencio:** el nombre de la calle Silencio, que arranca junto al Jardín Botánico de la Facultad de Derecho, tiene un origen remoto que entronca con el pasado árabe de la ciudad. En la época nazarí se levantó en las inmediaciones la Bib-Al Murdi, es decir, la puerta que estaba junto a la huerta de Aben Murdi, que traducido al castellano significa 'el hijo del mudo'. Es fácil deducir cómo derivó en la palabra 'Silencio' que da nombre a la calle.

- **Calle de las Funerarias:** la parte de la calle San Jerónimo más cercana a la catedral es conocida como 'calle de las Funerarias', dado el elevado número de empresas funerarias que hubo allí y que llegó a ser de cinco. En la actualidad, la única que queda es la Funeraria Del Moral, cerca de la Plaza de la Universidad.

El fantasma del profesor de música

Ruidos extraños, inexplicable apagado y encendido de luces, voces que susurran el nombre de los profesores cuando el centro está vacío, desafían el escepticismo de los que trabajan y estudian en el Real Conservatorio Superior de Música Victoria Eugenia desde la década de los ochenta. Durante la noche, en el patio del edificio, en mitad de la calma, extrañas ráfagas de viento parecen abrir paso entre las hojas de las plantas a una presencia sobrenatural.

La presencia de un fantasma fue advertida por primera vez por Miguel Carmona, antiguo director del conservatorio. El fantasma, dicen, se llama Felipe y es un antiguo profesor de música que fue expulsado del centro tras una vida de entrega a la música en aquel lugar. A pesar de ser un músico experimentado, el profesor carecía de titulación suficiente. Tras el despido, aseguraba el director de la escuela, la pena le inundó durante años por la añoranza de aquel lugar de trabajo que era su vida entera.

Estos misteriosos fenómenos se han venido produciendo en un edificio cargado de historia. El conservatorio tiene su sede en un hermoso palacio del centro de la ciudad que perteneció a los marqueses de Caicedo y que, antes de su actual uso, también fue Instituto de Enseñanza Media y Facultad de Farmacia.

Real Conservatorio Superior de Música Victoria Eugenia
San Jerónimo, 46; 958 893 180; conservatoriosuperiorgranada.com
Horario lectivo

ADORACIÓN NOCTURNA

⑨

*Una noche completa de oración,
de modo que el culto al Santísimo Sacramentono
se interrumpa nunca*

*Capilla de la Misericordia
Plaza de los Lobos, 12[1]
Todos los días, a partir de las 18 horas
Entrada libre*

Todos los días, a partir de las 18 horas, la capilla de la Misericordia recibe los fieles que quieren rezar, a la misma hora que miles de cristianos de todo el mundo, durante la llamada Adoración Nocturna. Esta íntima ceremonia crea un extraño contraste con el ruido mundano de coches y transeúntes de la plaza de los Lobos.

Cada miembro de esta agrupación se compromete a realizar una noche completa de oración al mes, de modo que el culto al Santísimo Sacramento no se interrumpa nunca.

El objetivo de los adoradores nocturnos es orar, reunidos en grupos y turnándose durante la noche, en representación de toda la humanidad, con la presencia 'real' de Jesús en el Santísimo Sacramento.

El Santísimo permanece expuesto durante el sencillo y escueto ritual, acompañado de cantos en castellano y latín, en imitación de la faceta de Cristo que adoraba al padre, en varios pasajes del evangelio, durante las noches.

Los estandartes de banderola blanca y bordados de oro lucen entre el barroco decorado de la capilla. Angelotes, cirios pascuales y diversas advocaciones marianas acompañan a una asociación de creyentes que nació en 1848 (ver más abajo).

Una congregación fundada en París en 1848

La asociación Adoración Nocturna fue fundada en París en 1848 por Hermann Cohen, un sacerdote carmelita de origen judío, compositor de fama (Hamburgo, 1820), que se convirtió al catolicismo y adoptó el nombre de Agustín María del Santísimo Sacramento. Este estilo religioso católico llegó a España con el abogado, periodista y político gallego, de hondas creencias cristianas Luis de Trelles y Noguerol (1819-1891), tras un viaje a París en 1862 donde participó en una vigilia. Desde entonces dedicó su vida y sus esfuerzos a difundir esta práctica en España, donde cuenta actualmente con un buen número de seguidores.

VÍTORES EN LA CATEDRAL

Los antiguos grafitis

Fachada de la iglesia El Sagrario
Catedral de Granada
Plaza de Alonso Cano

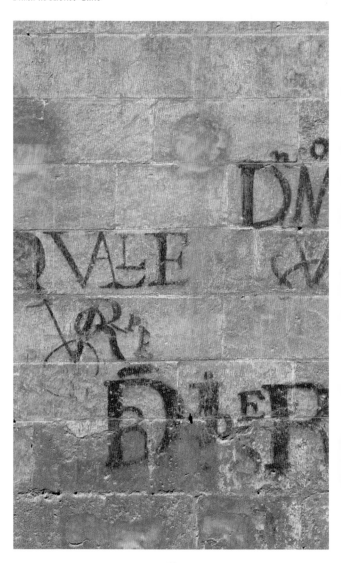

Los vítores proceden de una tradición romana, retomada por la iglesia primero, por la universidad después y finalmente por el franquismo, que consistía en inscribir en los muros con pintura roja o negra el nombre de personas destacadas. Los vítores que hay en la fachada de la catedral son una especie de grafiti en el que se inscribía tradicionalmente el nombre de los doctores más insignes salidos de la Universidad de Granada y cuya memoria se consideraba digna de ser perpetuada.

A modo de recuerdo imperecedero y homenaje eterno, también el franquismo quiso continuar con esta costumbre, por lo que acuñó incluso un logotipo propio que contenía las letras V, C, R y T, conmemorando así a sus hombres notables, como hizo con José Antonio Primo de Rivera (ver más abajo).

José Antonio Primo de Rivera, ¡Presente!

En letras enormes, en una de las paredes que cierran la plaza de Alonso Cano, se puede leer el nombre de José Antonio Primo de Rivera, fundador de la Falange Española, ideólogo del régimen fascista del general Francisco Franco e hijo del dictador de principios del siglo XX Miguel Primo de Rivera y Urquijo.

Sorprende ver su nombre a pesar de que han transcurrido 40 años desde la llegada a España de la democracia y de la promulgación de varias leyes que ordenan la retirada de los símbolos del régimen franquista.

Los nostálgicos del fascismo español tienen un lugar en el muro de la catedral donde rendir homenaje póstumo a Primo de Rivera durante tres días al año: el 2 de enero (día de la conmemoración de la Toma de Granada por las tropas cristianas), el 18 de julio (día del pronunciamiento militar contra la República, antes conocido como Día de la Victoria) y el 20 de noviembre (aniversario de la muerte de Francisco Franco y de José Antonio Primo de Rivera).

Diversas voces se han alzado para que sea borrado este vestigio de un tiempo de conflicto entre españoles. Pero ahí permanece el nombre de José Antonio, en recuerdo de unos tiempos que la mayoría de los granadinos ya entregó al olvido.

CASA NATAL DE EUGENIA DE MONTIJO

De la calle de Gracia a emperatriz de Francia

Gracia, 12

Frente a la iglesia de la Magdalena, en el barrio del mismo nombre, en la castiza calle Gracia, nació prematura la futura emperatriz de Francia. Era la segunda hija de Manuela Kirkpatrick y Cipriano Guzmán Palafox y Portocarrero, conde de Teba, marqués de Ardales y, andado el tiempo, conde de Montijo. Vino al mundo el cinco de mayo de 1826, en una tienda instalada en el jardín de la casona, debido al miedo provocado por un seísmo.

Actualmente la casa, dividida en inopinados apartamentos, no guarda mayor recuerdo de su imperial condición, salvo en su fachada exterior, en la que aún se puede ver el dibujo de motivos decorativos y arquitectónicos, tan de moda en el siglo XIX. Sólo una placa junto a la puerta y un letrero para el turismo recuerdan la figura insigne que la habitó, una granadina de altos vuelos que cayó desde tan alto como lejos estuvo del suelo.

Auge y caída de una mujer ambiciosa

La belleza de Eugenia de Montijo fue exhibida por las cortes de Madrid y de París por su ambiciosa madre, doña Manuela, como hija del conde de Montijo (título, posesiones y mayorazgos heredados del tío, muerto sin descendencia). Eugenia y su hermana mayor, Francisca (Paca) fueron presentadas en sociedad y Paca consiguió casarse con el duque de Alba, para despecho de su hermana, enamorada del mismo hombre.

Aquel desengaño condujo a Eugenia y a su madre a buscar mejor fortuna en la corte francesa. Allí sería la "belle espagnole" que enamoró al príncipe-presidente Luis Napoleón Bonaparte (sobrino del gran Napoleón) y del que consiguió, después de domesticar sus ímpetus carnales, el ansiado matrimonio y el título de emperatriz de los franceses. A pesar de ello, de las sonadas infidelidades de su marido y de las dificultades para darle un heredero, el pueblo nunca la quiso. En 1857, nació finalmente su hijo Luis Eugenio. En 1869 inauguró el Canal de Suez junto al empresario español Ferdinand de Lesseps. Intrigó para entronizar como emperador de México a Maximiliano y ejerció la regencia en ausencia de su marido. Pero en 1870, tras la derrota de Napoleón III en la guerra franco-prusiana y el derrumbe del Segundo Imperio francés, se vio rodeada en las Tullerías por una turbamulta que al grito de "¡muera la española!" anunciaba la llegada de la Comuna de París. En su inevitable exilio en Londres, sufrió la muerte de su marido (1873) y la de su hijo (1879), de tan sólo 22 años. Tras su destierro, murió en el madrileño palacio de Liria en 1919 y fue sepultada en Londres, lejos de su patria, de su familia y del esplendor de otros días en los que brilló como el oropel de una época de la que fue la principal y más bella figura.

EL RELOJ DE CANDELA DE GRANADA

Un curioso reloj para celebrar el nacimiento de Mahoma

Fundación El Legado Andalucía
Corral del Carbón
C/ Mariana Pineda, 21
958 225 995
legadoandalusi.es
De martes a sábado y lunes víspera de festivo: de 10:00 a 19:00 h, domingos y festivos: de 10:00 a 15:00 h
Cerrado lunes (excepto festivos y vísperas de festivo) y los días 1 de enero, 6 de enero, 1 de mayo y 25 de diciembre
Entrada libre el 28 de febrero, día de Andalucía

La exposición de ingenios mecánicos de la ciencia nazarí del Pabellón de al-Ándalus y la Ciencia, de la Fundación El Legado Andalusí, alberga un curioso instrumento. Descrito por el historiador, filósofo y poeta árabe Ibn al-Jatib (1313-1374), el reloj de candela de Mohammed V tiene un sentido simbólico inspirado en el hermetismo árabe.

En su manuscrito *Nufada III*, Ibn al-Jatib describe este reloj, *minkan o mankana*, que se utilizaba para marcar las horas durante el *Mawlid* del año 764 de la Hégira, correspondiente al año 1362 de la era cristiana. La *Hégira* designa la migración del profeta Mahoma de la Meca a Medina, en septiembre del año 622 después de Cristo. El *Mawlid* (*mawlid an-nabi o milad al-nabi*) es la fecha en la que el Islam celebra el nacimiento del profeta Mahoma aunque el Corán no lo menciona, e incluso,

desaconseja esta celebración: "No exageréis con respecto a mí como los cristianos lo hicieron con el hijo de María. No soy más que un siervo temeroso de Alá.".

Algunos teólogos islámicos se han opuesto a esta práctica a lo largo de los tiempos considerándola ajena a la religión musulmana (*bidas*, "innovaciones que conducen al pecado"). Esta celebración procede probablemente de las influencias cristianas que festejaban la Natividad de Jesucristo.

A pesar de esta oposición teológica, miles de musulmanes celebran el *Mawlid* con cantos y oraciones. En algunos países se organizan desfiles y, con el tiempo, se ha adoptado la costumbre de lanzar fuegos artificiales.

La función del reloj de candela de Granada era precisamente marcar las horas de la celebración de la Natividad islámica en la residencia del sultán de la Alhambra Mohammed V (1338-1391), rey nazarí del reino de Granada de 1354 a 1359 y de 1362 a 1391, y el primero en poseer una máquina que marcaba las horas nocturnas. Ibn al-Jatib detalla su funcionamiento en *Nufada III*: dodecagonal, de madera hueca, de una braza de alto (de 165 cm a 170 cm) y, en cada uno de sus lados, un nicho en forma de *mihrab* totalmente cerrado con una ventana con pestillo y recubierto de decoraciones polícromas. En la parte superior había una vela encendida, dividida en 12 partes, una por hora. De cada división salía un hilo de lino; 12 hilos en total, atados de uno en uno a cada uno de los pestillos, impidiendo que se abrieran. En el tímpano del arco de cada *mihrab*, un hueco hexagonal, cuya función era dejar caer una bolita de cobre al final de cada hora, servía también para detener una varilla de hierro unida a cada pestillo. Detrás de cada ventana, la varilla impedía que la bolita cayera antes de tiempo. Tras cada ventana también había un personaje sosteniendo una hojilla de papel que contenía un verso, anunciando la hora. Cuando el fuego consumía la vela y la hora llegaba a su fin, el hilo de lino ardía, liberando así el pestillo que soltaba la varilla que, a su vez, permitía a la bolita caer en una de las bandejitas de cobre. Esto causaba un llamativo sonido al tiempo que caía la hojilla de papel con la hora en verso que el encargado del reloj, el recitador, declamaba.

A lo largo de los tiempos, esta máquina movida por el fuego de una vela y por el aire provocado por su forma hueca despertó la curiosidad de muchos. En cada prueba, tanto su funcionamiento como la indicación de las horas eran exactos, probando así que su ingenioso diseño se ha mantenido inalterable hasta hoy.

Simbólicamente, la presencia del *mihrab* en el reloj alude al carácter sagrado del tiempo: el *mihrab* es el nicho en forma de ábside en una mezquita que indica la dirección (*qibla*) de la ciudad santa de la Meca hacia la que los musulmanes dirigen sus oraciones. Además, las doce bolitas del reloj son de cobre, un metal asociado por los alquimistas árabes con el planeta Venus, considerado como el *alter ego* de la Luna cuyo cuarto creciente es el símbolo del Islam. Estas bolitas estriadas simbolizan pues la Luna, con sus cráteres, aunque iluminada por el Sol, representado por la vela.

RECORRIDOS BAJO EL EMBOVEDADO DEL RÍO DARRO

Espeleología urbana

Granada Secreta
958 220 756
granadasecreta.com
Duración: 3 h
Sólo para personas sin dificultades de movilidad
Rutas puntuales previa reserva sujetas a autorización de las autoridades

L a propuesta 'Granada Secreta' ofrece la posibilidad de recorrer el tramo soterrado del río que atraviesa el centro de la ciudad, desde Plaza Nueva hasta la desembocadura en el río Genil.

Aventureros, especialistas y curiosos pueden así conocer un río donde, hasta la década de los cincuenta del pasado siglo, aún se podía ver a los buscadores de oro afanarse en su labor entre romántica y mísera.

Equipados con botas de agua, cascos, linternas y trajes impermeables, los visitantes recorren la ciudad oculta bajo la calle Reyes Católicos, una obra civil que supuso privar a la ciudad de su arteria principal en beneficio de la funcionalidad y el progreso.

El embovedado del río comienza bajo Plaza Nueva, símbolo de los nuevos tiempos que los Reyes Católicos trajeron consigo con la

unificación de los territorios. Esta fue la primera fase del embovedado, realizado en el siglo XVI en obra de sillería colocada sobre un armazón de madera. El primer tramo está dominado por la vegetación de ribera y está descubierto entre el edificio del Rey Chico y el comienzo del embovedado, lo que permite la visión de los monumentos del Albaicín y la Alhambra desde una perspectiva inusitada.

Aún se conservan algunos de los múltiples puentes que unieron la vida a ambos lados del Albaicín y la Alhambra: el de los Pescadores (descubierto en la década de 1990), el del Baño de la Corona, situado en época nazarí junto a los baños públicos así conocidos, el Puente de San Francisco o el Puente del Carbón, que permitía vadear el río entre la Alcaicería y la Alhóndiga (posada).

Otro descubrimiento interesante a conocer en este recorrido son las tenerías del Darro, el lugar donde los tintoreros (en superficie está la calle Tintes) realizaban el curtido y coloreado de las pieles. Aún se pueden ver restos de tinajas, algunas de ellas datadas en el siglo XIII.

Al fondo del pasadizo se vislumbra un haz de luz que indica el lugar donde en 1951 se produjo el reventón del Darro, producto de una avenida de agua que rompió la bóveda sobre el río. Hoy el curso del río está jalonado por diversas cascadas que permiten igualar la altura del cauce con el desnivel entre la plaza Nueva y el río Genil.

Al terminar la ruta, el Genil aparece luminoso, hiriente en la retina, como una luz al final del túnel.

ESTATUA DE ISABEL LA CATÓLICA

Una reina en el tejado

Sobre el teatro de Isabel la Católica
Acera del Casino, s/n

Desapercibida en las alturas para la mayoría de los viandantes que pasean por la Acera del Casino, una enorme estatua de la reina Isabel I de Castilla, tallada en piedra por el escultor Nicolás Prados López, corona el teatro municipal de Granada que lleva su regio nombre.

El artista granadino, que por entonces trabajaba profusamente en la imaginería que le hizo célebre, instaló su casa en el ático, justo debajo del emplazamiento de la estatua, mientras terminaban los trabajos del edificio.

La efigie fue colocada pocos días antes de la inauguración del teatro el 6 de junio de 1952. La ópera Carmen de Bizet, con lleno absoluto de las 1 200 localidades y con los actores Joan Fontaine y Louis Jordan entre el público, fue la primera obra allí representada.

El teatro Isabel la Católica, ubicado en la Acera del Casino, justo en el solar del mayor casino de la ciudad –el nombre de la calle ha conservado el dato, evidenció pronto que, a pesar de sus grandes dimensiones, desmerecía en buena medida el egregio nombre con que fue bautizado. La acústica deficiente y los asientos incómodos del espacio escénico más importante de la ciudad, atesora sin embargo las pinturas murales al temple de Manuel Rivera que decoran el vestíbulo.

EN LOS ALREDEDORES
El Centro Artístico, Literario y Científico

Almona del Campillo, 2 – 2º
958 227 723
Visita previa cita

Junto al teatro Isabel la Católica, con entrada por el edificio que linda con el teatro por su izquierda, se encuentra el Centro Artístico, Literario y Científico, toda una institución en la ciudad que tuvo su momento de esplendor entre los años 20 y 30 del siglo XX pero que fue perdiendo protagonismo en la ciudad hasta los recientes intentos de rescatarlo del cierre o del olvido.

Un grupo de intelectuales granadinos fundó esta institución en 1885 a partir del Liceo Artístico y de la Asociación de Acuarelistas que creara el pintor Mariano Fortuny años atrás. En una segunda etapa, iniciada en 1908, el Centro sería relanzado con la entrada de artistas encabezados por Manuel de Falla, o Federico García Lorca que, entre otras muchas actividades y propuestas, promoverían el primer Festival de Cante Jondo de Granada, la Cabalgata de los Reyes Magos o el Festival de Música y Danza.

SEDE UNIÓN IBEROAMERICANA DE MUNICIPALISTAS (UIM)   ⑮

Las murallas defensoras bajo la UIM

Plaza Mariana Pineda, 9
958 215 047
uim@uimunicipalistas.org
uimunicipalistas.org
Visita previa petición
Entrada gratuita

Los vestigios de las tres grandes murallas que protegieron la ciudad de Granada de las invasiones durante siglos lucen, casi intactos, en un silencioso subterráneo bajo la sede de la Unión Iberoamericana de Municipalistas (UIM).

Al descender se aprecian los restos de un baluarte que protegió la ciudad –la romana, la árabe y la cristiana–, junto al lugar donde la institución guarda sus archivos.

Asombra comprobar cómo los diferentes pueblos que ocuparon el territorio reutilizaban el muro defensivo levantado por sus antecesores. Se distingue claramente, gracias a los focos que iluminan las tres hileras de piedras que se descubrieron casualmente, cómo mejoraban los materiales con los adelantos constructivos descubiertos o, simplemente, revistiendo los ya utilizados con alguna capa de argamasa que disimulara su origen previo.

La UIM

Nacida en el año 1991 gracias al impulso de varias entidades granadinas, la Unión Iberoamericana de Municipalistas, también designada por el acrónimo UIM, aboga en pro de la unión entre los municipios de España y de Iberoamérica. Promueve la construcción de ciudades más amables y solidarias mediante el fortalecimiento democrático, la descentralización del poder y la cooperación entre los ayuntamientos en régimen de igualdad.

EN LOS ALREDEDORES
Un torreón nazarí en Bibataubín

Sede del Consejo Consultivo de Andalucía - Plaza de Bibataubín, s/n
958 029 300

En la misma manzana del edificio que alberga la UIM, pero justo en la parte posterior, se encuentra el impresionante Palacio de Bibataubín, en la actualidad sede del Consejo Consultivo de Andalucía, aunque tradicionalmente era la sede de la Diputación Provincial de Granada. El edificio, levantado en el siglo XVII para servir de cuartel de artillería, reutilizó un antiguo torreón nazarí de planta octogonal que aún hoy

es perfectamente visible desde el exterior del edificio. Este torreón formó parte de la muralla que protegió a la Granada hispanomusulmana, justo en aquella zona donde se abría el lienzo de muralla con la puerta conocida como la Puerta de Bibataubín. Restaurado en fechas recientes, su planta baja permite ver desde su interior la magnificencia de una torre defensiva nazarí que, según la leyenda, conectaría mediante un túnel subterráneo con el palacio del Cuarto Real de Santo Domingo y su famosa Qubba.

MARIPOSARIO DEL PARQUE DE LAS CIENCIAS

La mariposa más grande del mundo

Parque de las Ciencias
Avda. de la Ciencia, s/n
958 131 900
De martes a sábado de 11 a 18.30 h. Domingo, festivos y lunes víspera de
festivo de 11 a 15 h

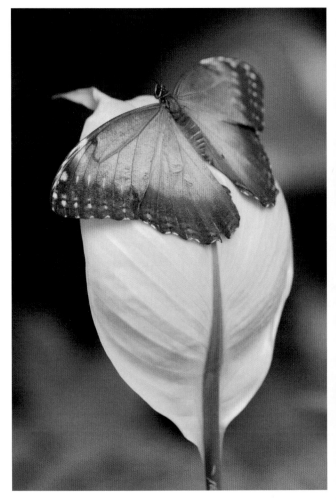

El mariposario del Parque de las Ciencias de Granada es un lujo tropical que merece una visita detenida. Entre la desbordante vegetación revolotean las mariposas que han roto el capullo para gozar de su efímera vida para disfrute de los visitantes.

No sólo los entomólogos sacian allí su sed de conocimiento. Los niños o los artistas con interés por el mundo natural encuentran su espacio para detenerse y disfrutar, buscando entre las plantas como si estuvieran en la mismísima selva, las coloridas y frágiles mariposas. Muchas de ellas –más de 200 ejemplares– son de las especies más raras del mundo, procedentes de Centro América, Sudamérica y África tropical, como es el caso de la mayor de todas, la Attacus Atlas, cuyo tamaño, con las alas extendidas, llega a alcanzar los 20 centímetros. Allí se puede apreciar en vivo y en directo el ciclo completo de vida de las mariposas más variadas. Más de veinte variedades viven en un privilegiado microclima que les permite, gracias a las setenta variedades de plantas de origen tropical y subtropical, sentirse como en casa.

La temperatura, de entre 21 y 28 grados –con una humedad por encima del 70 por ciento–, permite que las orugas disfruten de su comida mientras tejen el capullo del que, al poco tiempo, saldrá la mariposa que pondrá los huevos que cierran el ciclo vital de estos insectos cuyo misterio de la transformación sorprendente de la fealdad absoluta a la belleza total sigue fascinando a propios y extraños. Tanto los neófitos como los entendidos aprenden sobre estos lepidópteros que viven en una perfecta simbiosis con los vegetales, hasta el punto de que la desaparición de una especie vegetal puede acabar a su vez con la correspondiente especie de mariposa que depende de este alimento. También descubrirán que se han contabilizado alrededor de 200 000 variedades (sólo en España existen 4 000), o las impresionantes migraciones que realizan algunas especies, como es el caso de la Mariposa Monarca. Vuelan en bandada en otoño para desplazarse desde el Norte de Estados Unidos hasta México o California en busca de zonas más cálidas que posibiliten su existencia que, según los datos encontrados en fósiles, alcanza los 140 millones de años de antigüedad.

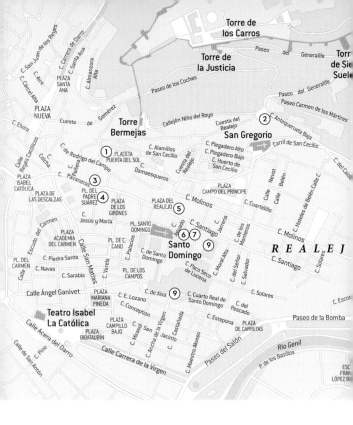

Realejo

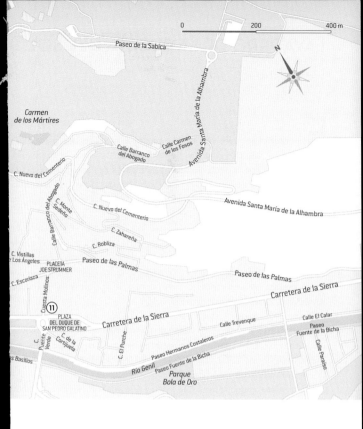

LAVADERO DE LA PUERTA DEL SOL ①

Lavanderas a pleno sol

Placeta del Sol

El tejado y las columnas del templete, situado en la placeta de la Puerta del Sol, albergan la gran piedra rectangular que hasta 1965 fue lavadero público para las mujeres de las viviendas colindantes. Este espacio permite rememorar al paseante de la zona más recóndita del barrio del Realejo los tiempos en que las casas no tenían aún agua corriente y en los que algo tan cotidiano como hacer la colada suponía una ceremonia diaria.

El lavadero – tan humilde en su factura como el servicio que prestaba – aparece cubierto por un imponente tejado a dos aguas que le confiere una presencia de templo, más aún al estar soportado por gruesas columnas de piedra de Sierra Elvira, de estilo dórico, procedentes de los restos de una cercana ermita e incorporadas al conjunto en una fecha muy posterior al de su originaria posición.

Se conservan los lavaderos originales –los lavaderos públicos fueron de extendido uso social en Granada hasta finales del siglo XIX y principios del XX–, en los que se puede apreciar el desgaste de la misma piedra después de ser utilizada durante años como superficie sobre la que se frotaba la ropa enjabonada.

El lavadero, al que se llega sólo por un vericueto de callejas que suben hacia la altura del Mauror, domina toda la plaza, hoy conocida como Placeta del Sol. Esta plaza acogió, hasta 1501, la 'Puerta del Sol' o Bib al Mauror, es decir, la entrada desde la Alhambra al barrio judío de Garnata Al-Yahud (Realejo).

AUDITORIO ALHAMBRA PALACE ②

Un pequeño teatro

Hotel Alhambra Palace
Plaza Arquitecto García de Paredes, 1
958 221 468
h-alhambrapalace.es

El interior del Hotel Alhambra Palace alberga un pequeño y coqueto teatro que, de cuando en cuando, acoge alguna representación o concierto para un reducido público. También ampara, en escogidas ocasiones, recitales literarios, en una tradición que iniciara el propio Federico García Lorca en los años veinte y que ha perdurado en el tiempo.

Fue en aquellos efervescentes años del germinar cultural granadino cuando dieron comienzo los recitales en este espacio escénico clásico e íntimo. Acogió conciertos en 'petit comité' ofrecidos por Manuel de Falla –vecino del hotel desde que se instalara en su carmen de la Antequeruela– o por el guitarrista Andrés Segovia. Solistas o agrupaciones de cámara son quienes frecuentan este teatro especial que sólo abre para ocasiones muy señaladas.

Tan exclusivo como el edificio que lo cobija, la decoración arabesca de este escenario de excepción aloja, ocasionalmente y durante el Festival Internacional de Música y Danza que se celebra cada año en Granada, un buen concierto acompañado de un té o un café en la sesión vespertina.

HEMEROTECA DEL MUSEO CASA DE LOS TIROS

Un inmenso archivo de diarios

Pavaneras, 19
(Entrada por calle Cementerio de Santa Escolástica, 3)
600 143 175
De lunes a viernes de 16 a 20 h (de 1 de agosto a 15 de septiembre); de lunes a viernes de 9 a 14 h y de 16 a 20 h (de 16 de septiembre a 31 de julio)

A lo largo de casi un siglo, la Hemeroteca de la Casa de los Tiros ha acumulado lo que hoy supone un archivo de referencia para todo estudioso de la historia local, además de ser la más destacada de Andalucía y una de las más relevantes de España, sólo superada por la Hemeroteca Municipal de Madrid.

La sala de lectura de esta hemeroteca de envergadura permanece abierta en el patio interior de una casona señorial del Realejo, guardando el silencio paciente de horas de lectura de los diarios de época, especialmente de los siglos XIX y XX.

Siglos de historia contados al hilo de los días, con la urgencia y la frescura del cronista que vive los acontecimientos sin perspectiva para pensarlos, han quedado almacenados en los sótanos de la Casa de los Tiros para la consulta de los estudiosos de la Granada contemporánea.

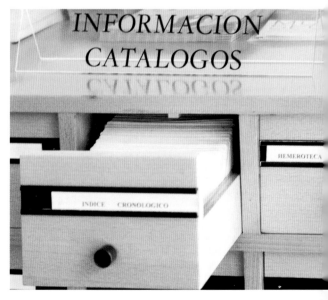

Sus comienzos estaban ligados al inicio del Museo de la Casa de los Tiros, en los años 30, dependiente de la Comisaría Regia de Turismo. La compra de fondos en anticuarios fue enriqueciendo paulatinamente el grueso de esta gran colección seriada. En general, se trata de fondos bibliográficos de temática granadina, publicaciones de diversa periodicidad, carteles o periódicos del periodo que media entre 1706 y 2011. Entre las aportaciones privadas más insignes están los legados del escritor y periodista Francisco de Paula Valladar, las donaciones del escritor Melchor Fernández Almagro –incluida su correspondencia con Federico García Lorca–, las de Antonio Gallego Morell, –sobre Ángel Ganivet y su padre, Antonio Gallego Burín–, la de Ángeles Guerrero Ganivet, con fotografías y documentos sobre Ángel Ganivet o la familia Seco de Lucena, estirpe de periodistas que aportaron a la hemeroteca el archivo del periódico *El Defensor de Granada*.

Entre todos los diarios que han recogido la historia granadina, dos han dominado la opinión durante estos dos siglos: *El Defensor de Granada*, fundado por el periodista Luis Seco de Lucena en el siglo XIX y el periódico que dominó la realidad informativa durante el siglo XX, el diario Ideal, que con sus más de 75 años de historia sigue siendo, ya en el siglo XXI, de los escasos reflejos que quedan de la realidad granadina.

BAÑOS DEL COLEGIO DE LAS MERCEDARIAS

Los baños redescubiertos

Colegio de las Mercedarias
Plaza Padre Suárez, 4
958 221 332
Visita previo permiso de la dirección del colegio
Sólo grupos reducidos

En 1984, durante la rehabilitación y consolidación del antiguo palacio de los marqueses de Villalegre, un baño árabe completo apareció en el subsuelo del colegio de las Hermanas Mercedarias.

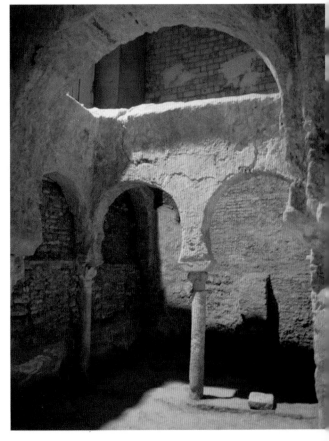

Las termas del aristocrático edificio han estado protegidas del paso del tiempo gracias a los constructores del edificio palaciego que decidieron cegar el hallazgo. Arcos, capiteles, solería e incluso las piedras que se calentaban para crear el vapor, aparecieron al descubrir aquel compartimento enterrado del que no dejaba de salir arenisca. Una vez investigado por los arqueólogos, se pudo datar en la época almohade, entre los siglos XII y XIII.

El espacio visitable, al que se accede por una trampilla semicamuflada en el suelo, es de forma cuadrada, construido en ladrillo y está alineado por columnas de piedra que sustentan arcos de herradura, mientras que el suelo era de solería y mármol. Se conservan las salas correspondientes a los baños romanos denominadas *tepidarium, caldarium, frigidarium* e *hipocaustum*, de las cuales tan sólo se puede visitar el *tepidarium* (la zona central del baño) y dos de los pasillos que circundaban el baño.

En un edificio cercano, ocupado actualmente por el restaurante Alacena de las Monjas, se encontraría el antiguo aljibe que suministraba el agua a este baño, ubicado según la costumbre islámica junto a la mezquita de Ibn Gimara, que se encontraría en el solar hoy ocupado por la Casa de los Tiros.

Otros baños inaccesibles

En Granada existen diversos baños conservados desde la época de la dominación árabe que inexplicablemente no se pueden visitar, aún estando en avanzado proceso de restauración. Es el caso del Baño de las Tumbas (o de la Puerta de Elvira) o los Baños de la calle del Agua (Albaicín), de indudable valor arqueológico y cultural. Sin embargo, sí se pueden ver los Baños de El Bañuelo, en la Carrera del Darro, los Baños de la Alhambra o el Polinario, que actualmente acoge el Museo de Ángel Barrios, en la Calle Real de la Alhambra.

EN LOS ALREDEDORES
Entrada en chaflán a la Casa de los Condes de Castillejo

Ballesteros, 8

La entrada en chaflán a la Casa Palacio de los Condes de Castillejo, de principios del siglo XVI, llama la atención no sólo por la dificultad arquitectónica que entraña, sino también por la heráldica flanqueada por dos dragones labrada sobre el portón. Durante años fue conocida popularmente como la Casa de Diego de Siloé, aunque no se ha podido determinar su relación con el arquitecto de la catedral.

CORRALA DE SANTIAGO

Un antiguo patio de vecinos

Santiago, 5
958 220 527
corraladesantiago.ugr.es/
De lunes a domingo de 10 a 20 h
Entrada libre

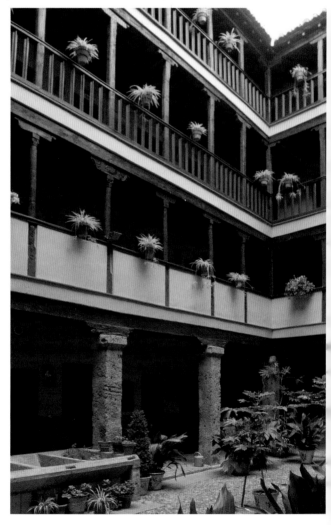

La Corrala de Santiago es una antigua casa de vecindad rescatada del derribo gracias a su adquisición y rehabilitación por la Universidad de Granada en 1991, año en que pasó a ser utilizada como residencia de profesores invitados.

Las casas de vecindad granadinas, de las que hoy quedan escasos ejemplos, supusieron hasta mediados del siglo pasado todo un modo de vida de las clases populares ya casi perdido ante el avance de las urbanizaciones más impersonales. Era la forma de vida habitual en los barrios más populares, especialmente entre los siglos XVI y XVII, aunque algunas de ellas perduraron aisladas hasta la pasada centuria. El patio central, eje de la vida del edificio, se usaba para reunirse y charlar, recoger el agua de la fuente o del pozo allí situados, o para lavar la ropa en las piletas que estaban ubicadas en un lateral o en su centro.

La Corrala de Santiago consta de una planta baja con 'salas' o viviendas y de dos pisos superiores también con viviendas. Carente de mayores adornos que algún pilar de madera, columnas o zapatas escasamente decoradas, este tipo de vivienda refleja en su interior y en su fachada la humilde condición de sus habitantes junto con el carácter comunitario del modo de vida de sus moradores. Aunque fue construida desde un principio con el objetivo de alojar a gentes del pueblo llano de la ciudad (albañiles, herreros, carpinteros, criadas), era habitual que todos los vecinos festejaran las bodas, bautizos o comuniones del vecindario y que asistieran también a las riñas domésticas o a la mortaja, velatorio y entierro del vecino fallecido.

Las corralas de vecinos son herederas de los adarves árabes (callejones ciegos con una sola entrada), y especialmente del 'curralaz' (corral) mozárabe, de los que se tiene constancia de su existencia desde el siglo XIV en adelante.

El origen remoto de algunas casas de vecindad se encuentra en las casas señoriales, conventos o alhóndigas (casas de viajeros y comerciantes) que, una vez perdido su uso original, fueron readaptadas para acoger al mayor número de familias posible.

La virgen milagrosa de "la mayor ocasión que vieron los siglos"

Junto a la iglesia de Santo Domingo
Calle Cobertizo Santo Domingo, s/n. 18009 Granada
623 06 10 00
patrimonioarchicofradia.blogspot.com
Lunes a viernes con visita guiada a las 12 h
Domingo: Visitas guiadas a las 17, 18 y 19 h

Escondido en un lateral de la iglesia parroquial de Santo Domingo, el camarín de la Virgen del Rosario es una rara joya del barroco local erigida por un anónimo mecenas entre los años 1725 y 1773. Es poco conocido a pesar de su magnificencia devota y de sus impresionantes dimensiones.

La Virgen del Rosario que aquí es venerada, originalmente conocida como de la Victoria de Lepanto, recuerda el milagro de la imagen de Nuestra Señora que se apareció al Papa Pio V durante su rezo del Rosario el 7 de octubre de 1571 mientras las tropas españolas, napolitanas, venecianas y genovesas, capitaneadas por el adalid de la cristiandad Don Juan de Austria (el hermano bastardo de Felipe II), salían victoriosas en la batalla del golfo de Lepanto lidiada por la Santa Liga contra las tropas turcas.

Los soldados de la Santa Liga se habían encomendado a esta imagen.

El camarín barroco multiplica su reducido espacio gracias a la colocación de innumerables espejos. La Virgen, visible desde de la iglesia contigua, aparece flanqueada por una corte celestial de ángeles y arcángeles que parecen elevarla hacia el cielo.

Copatrona de la ciudad de Granada junto a la Virgen de las Angustias, patrona del Realejo y de la Marina, la Virgen del Rosario está vestida de plata al estilo clásico de las vírgenes andaluzas. Una copia del fanal de la nao capitana de los cristianos la flanquea.

En un lateral del camarín, unos enormes frescos recogen la batalla de Lepanto. Incluso el soldado Miguel de Cervantes pudo constatar en persona cómo los cien barcos de la flota cristiana formados en cruz a modo de ariete arremetieron contra trescientos bajeles dispuestos por Ali Bajá para contener primero y al tiempo envolver a los envalentonados cristianos.

Cada día 12 de octubre una escuadra de infantes de marina llega hasta la iglesia de Santo Domingo para entonar los sones de la salve marinera en el Realejo, peculiar tradición que celebra y recuerda aquel enfrentamiento desigual entre cristianos y musulmanes.

INICIO DEL CAMINO MOZÁRABE DE SANTIAGO

Quizás el más desconocido de los muchos caminos que conducen a Compostela

Convento de Comendadoras de Santiago
Plaza Ciudad de los Cármenes, 1 (Edificio Centro Cívico Beiro)
Organiza: Asociación de Amigos del Camino Mozárabe de Santiago
958 071 785 – 655 010 605
info@eliniciomozarabe.es
eliniciomozarabe.es
Horario de información: martes y jueves (no festivos) de 18 a 21 h

Desde que comenzaron a peregrinar por este camino los cristianos de Al-Ándalus (mozárabes) para rezar y visitar el sepulcro del apóstol Santiago, en pleno siglo XXI se siguen recorriendo a pie los 1 200 kilómetros que separan Granada de Santiago.

La ruta, que cruza el sureste peninsular hasta Mérida, es uno de

los trayectos menos conocidos del Camino de Santiago, quizás el más desconocido de los muchos caminos que conducen a Compostela.

Se convirtió además en un acceso para llegar a la Ruta de la Plata, vínculo entre Cádiz y Sevilla con el centro de la cristiandad peninsular.

Olvidado durante siglos, el recorrido se ha revitalizado desde que el padre Hermenegildo de la Campa, S.J. (siglas de 'Societatis Jesus', en español, Compañía de Jesús), realizó en el verano de 1994 el itinerario junto a un pequeño grupo de peregrinos hasta la tumba del Apóstol, experiencia que quedó recogida en el libro *De Granada a Santiago, una ruta jacobea andaluza*.

Arranca desde el convento de las Comendadoras de Santiago en El Realejo granadino. El caminante atraviesa Granada, Maracena, Atarfe y Pinos Puente en su primera jornada y efectúa la primera parada en Pinos Puente, donde se ha creado recientemente el primer albergue de peregrinos de la provincia de Granada, bautizado como 'El plantel' (ver más abajo).

El primer albergue

En 2012 se abrió en Pinos Puente el primer albergue de peregrinos de la ruta Xacobea de Granada. Se encuentra a un paso del viejo puente del siglo IX que da nombre a la localidad. Es también la primera infraestructura de estas características que existe entre Granada y Mérida.

De propiedad municipal, está gestionado por la Asociación Granada Jacobea, una entidad que lleva 10 años trabajando en la señalización, promoción y acondicionamiento de un camino más conocido en Finlandia, Holanda o Italia que en la propia Granada.

ALMUERZO EN EL REAL MONASTERIO DE LA MADRE DE DIOS DE LAS COMENDADORAS DE SANTIAGO

Unas monjas muy hospitalarias

Seco de Lucena, s/n
958 225 250
Reservar con antelación para almorzar
comendadorasdesantiagogranada@gmail.com
Cerrado en agosto
Menú: 11 €
Alojamiento: 40 € persona/día

La hospedería del Convento de las Comendadoras de Santiago es un enorme recinto dedicado a la contemplación y al trabajo de una veintena de religiosas, procedentes en su mayoría de la India, que residen aquí en régimen de media clausura en el centro mismo del barrio del Realejo.

En su afán por mantener con vida el convento, cuyo mantenimiento superaba con creces las posibilidades económicas de la orden, las religiosas abrieron una hospedería monástica y pusieron a la venta los cotizados dulces de Navidad por los que los vecinos se arremolinan año tras año a la entrada del claustro conforme llegan las fechas.

El éxito del alojamiento a buen precio –antes era una residencia femenina con capacidad para cincuenta estudiantes– ha propiciado que la congregación se animara también a ofrecer almuerzos, que han tenido tanto éxito como sus dulces navideños.

La comida que se degusta a un módico precio es casera, abundante y sencilla, y cocinada con mimo para los 75 comensales que puede acoger el comedor del convento dedicado a este menester.

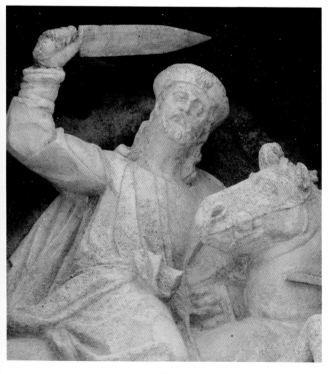

CUARTO REAL
DE SANTO DOMINGO

Un palacio para el espíritu

Plaza de los Campos, s/n
De miércoles a domingo de 10 a 14 h y de 17 a 20 h (de mayo a septiembre);
viernes a domingo de 10 a 14 h y de 16 a 18 h (de octubre a abril)

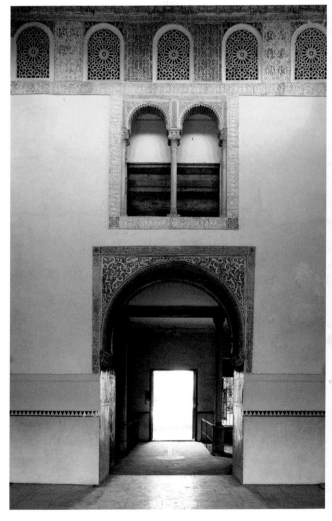

En la esquina de la plaza de los Campos con la calle Aixa se alza una antigua mansión del siglo XIX que alberga un palacete almohade, el Cuarto Real de Santo Domingo, que a su vez encierra un verdadero tesoro, la Qubba, un torreón también conocido como el "Salón del Protocolo".

Entre el griterío infantil que proviene del parque de inspiración japonesa y la quietud de las Comendadoras de Santiago que lo circundan, aguarda este olvidado espacio que sirvió para el recogimiento espiritual de los monarcas del pasado, ya que en tiempos fue el lugar elegido por los reyes musulmanes para retirarse durante el mes de ayuno del ramadán.

Este imponente torreón central y joya del edificio es parte integrante de la antigua muralla del arrabal de los alfareros y se compone de un salón central y de dos alcobas laterales.

Se aprecia mejor desde el exterior, desde la calle de Aixa, donde se ve perfectamente el alargado edificio que durante años fue absorbido por el palacete decimonónico ulterior.

El arco de medio punto de la entrada, decorado con mocárabes y zócalo alicatado de mármol y azulejos, las yeserías en los arcos y paredes con finos ornamentos, escucharon hace ocho siglos las oraciones de sus ilustres moradores. La fuente, único resto del antiguo estanque que hay en el jardín, los estrados de madera de la alcoba o la ventana en la sala derecha son los otros vestigios aún en pie más reconocibles de aquel esplendor pasado.

Con el declive de Al Ándalus, el palacio fue comprado por los Reyes Católicos a miembros de la familia real para cederlo a la orden de los dominicos, que en las inmediaciones cuenta con la iglesia de Santo Domingo y el antiguo Convento de Santa Cruz la Real (hoy día es un colegio mayor).

Tras la desamortización de Mendizábal, pasó a manos privadas hasta que fue adquirido por el Ayuntamiento para rehabilitar la Qubba y los jardines.

CARMEN DE MIRAVALLE

Los descendientes granadinos de Moctezuma II, emperador de México

Cuesta del Caidero, 21

En el carmen granadino de Miravalle vivió durante décadas la XVII condesa granadina Carmen Enríquez de Luna y del Mazo, descendiente directa del mismísimo emperador azteca Moctezuma II.

En la casona han habitado a lo largo de los últimos años los miembros de la rama granadina de este linaje imperial, parientes de los cerca de 350 descendientes del emperador Moctezuma II de México. Todos ellos pueden acreditar su vínculo con este linaje de sangre real que entroncó con la nobleza castellana. Como muestra de ello, en la fachada del Carmen de Miravalle, sobre la fuente, aún luce la corona y el lema 'Miravalle' que lo vincula a este rancio linaje azteca. En realidad fue la hija mayor del emperador Moctezuma quien dio origen a esta línea dinástica que hoy día es granadina. Isabel Moctezuma se casó en varias ocasiones con castellanos al servicio del conquistador Hernán Cortés. Tanto ella como su numerosa prole mantuvieron el estatus de descendientes de un linaje real, razón por la que fueron agraciados con numerosas prebendas y títulos nobiliarios. Además, los Miravalle fueron durante siglos compensados por

la pérdida de sus propiedades con las 'Pensiones de Moctezuma' (ver más abajo), una pensión creada por Carlos V y abonada por los sucesivos reyes y presidentes de la nación mexicana hasta el siglo XX.

La condesa granadina ha reconocido públicamente sus vínculos aztecas, aunque para ella, no pasaba de ser una curiosidad histórica sin mayor repercusión que el hecho de recibir, de año en año, la visita de algún lejano pariente mexicano que llegaba a Granada a presentarle sus respetos.

El penacho 'austriaco' de Moctezuma

Por diversos avatares de la historia, el penacho de plumas de ave quetzal que coronó la cabeza de Moctezuma II se encuentra expuesto en el Museo Etnológico de Viena. El vistoso penacho fue enviado por Hernán Cortés al rey Carlos I de España a su llegada a México junto con otras 158 piezas. El preciado penacho acabó en manos del sobrino del monarca, el archiduque Fernando de Habsburgo, quien lo conservó en su castillo de Ambras, en el Tirol. El penacho fue depositado en el museo Etnográfico de Viena durante la Segunda Guerra Mundial, junto con otros objetos prehispánicos.

Las pensiones de Moctezuma

Todos los descendientes de Moctezuma II tienen un hipotético derecho a recibir parte de las 'pensiones de Moctezuma', una compensación económica instituida en el siglo XVI a favor de los descendientes de Isabel Moctezuma Tecuichpo Ixcaxochitzin. El pago se estableció en relación al uso de sus tierras, lindantes con la antigua ciudad de México y hoy parte de la propia urbe (el barrio conocido como el barrio de 'la condesa').

Las 'pensiones' dinásticas fueron fijadas en la cantidad de 5 258 090 pesos oro al año, que en aquella época equivalía a 1,480 gramos de oro puro (unas 270 622,73 onzas castellanas). Esta cantidad equivale en la actualidad a 107 209 euros anuales.

El pago se realizó de forma ininterrumpida por los reinados de España y, de forma subrogada, por el gobierno mexicano hasta el año 1934, fecha en la que el entonces presidente Lázaro Cárdenas decidió interrumpir este derecho colonial.

La herencia azteca de Miravalle

María del Carmen Enríquez de Luna y del Mazo fue la XII condesa de Miravalle, un título que fue creado en 1690 en la persona de su antepasado Alonso Dávalos Bracamonte. La condesa granadina vivió hasta su reciente fallecimiento en el centro de la Granada moderna.

María del Carmen era cabeza de la 15ª generación de descendientes de Isabel Tecuichpo, hija de Moctezuma II y esposa de Cuitláhuac y Cuauhtémoc, últimos emperadores aztecas. Dos de las líneas emparentadas con Moctezuma II fueron a residir, cada una por su lado, en el Reino de Granada. Los Miravalle tuvieron su casa señorial en la Cuesta del Caidero donde luce la corona de su condado sobre una fuente ubicada en la fachada. La otra rama azteca pasó a vivir en La Peza, localidad cercana a Granada, un pueblecito cuyo primer señor fue don Pedro Tesifón de Moctezuma, biznieto por línea de varón del emperador azteca que murió en aquel lugar en 1639. Pedro Tesifón fue nombrado vizconde de Ilucán, señor de Tula y conde de Moctezuma en 1627. La Grandeza de España fue concedida al séptimo conde, Jerónimo de Oca Moctezuma, el 15 de diciembre de 1765. En 1865 se elevó ese título a Ducado de Moctezuma de Tultengo a favor de Antonio Marcilla de Teruel Moctezuma y Navarro, decimotercer conde de Moctezuma y marqués de Tenebrón. En 1864, por otro lado, se creó el Marquesado de Moctezuma, concedido a Alonso Holgado y Moctezuma, Maestrante de Ronda.

VESTIGIOS DE MOLINOS HIDRÁULICOS

Un molino medieval en la casa de Ángel Ganivet y del Marqués de Rivas

Casas de Ángel Ganivet y del Marqués de Rivas
Centro de Investigaciones Etnológicas
Cuesta de los Molinos, s/n
958 220 157
De 8 a 14 h
Visita concertada a través de la Diputación de Granada

La Cuesta de los Molinos, perpendicular al paseo del Salón, debe su nombre a varios de los molinos hidráulicos que aprovechaban la fuerza motriz del agua que transportaba la acequia Gorda del Genil, construida por Ahmed ben Jalaf en el año 1073.

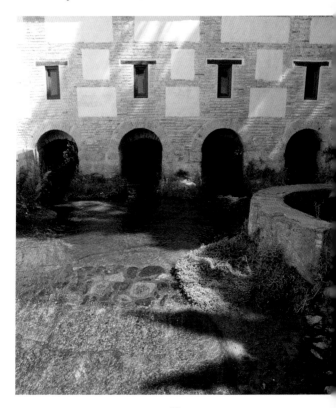

De aquellos molinos harineros, o de papel, originales tan sólo quedan en pie dos, el de Ángel Ganivet y el del Marqués de Rivas, rehabilitados con sumo cuidado para mantener en su parte inferior los canales que hacían posible la circulación del agua.

La casa del escritor Ángel Ganivet, que habitó desde 1875 hasta su traslado a Madrid a finales de la década de 1880, es la más conocida de las dos. Una sola planta acoge las dependencias del actual Centro de Investigaciones Etnológicas. Se oye pasar el agua por la acequia soterrada bajo las cinco bóvedas de medio cañón bajo las cuales estaban instalados los rodeznos del antiguo molino.

Un poco más arriba de la casa-molino de Ángel Ganivet se sitúa la casa-molino del Marqués de Rivas. Ha sido recientemente restaurada dado su valor arqueológico al ser uno de los molinos harineros medievales que estuvieron en funcionamiento hasta los años setenta. En esta casa se han conservado mejor los elementos arquitectónicos de aquella industria que daba nombre a esta zona del barrio del Realejo.

Ángel Ganivet o el sentimiento trágico granadino

Ángel Ganivet García (Granada, 1865-Riga, 1898), fue uno de los escritores más significados del siglo XIX español, siendo considerado un precursor de la Generación del 98.

De familia de molineros, colaboró en estas labores hasta los 14 años. Su padre falleció cuando Ángel contaba con tan sólo nueve años. Cursó estudios de Derecho y de Filosofía y Letras, doctorándose en Madrid con una tesis sobre el sánscrito. En esta ciudad consiguió su primer empleo de bibliotecario, participando activamente en la vida literaria de la capital, donde trabó amistad con intelectuales como Miguel de Unamuno.

Ingresó en 1892 en el cuerpo consular y pasó cuatro años en Bélgica como vicecónsul en Amberes. Su siguiente destino fue Helsingfors (Finlandia), donde, tras dos años de intensa escritura, es trasladado a Riga (Letonia) en 1897. Allí sucumbió a una grave crisis espiritual que le llevó a suicidarse lanzándose al río Dviná.

Entre sus obras destacan los títulos en prosa *Granada la bella* (1896) y *Cartas finlandesas* (1896); *España filosófica contemporánea* (1889) o *Idearium español* (1898) de ensayo; y *El escultor de su alma* (1898), una obra de teatro.

Albaicin y Sacromonte

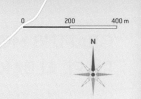

SACROMONTE

⑰
⑱

⑲ Abadía
del Sacromonte

C. Siete Cuestas

Camino del Sacromonte

Camino de Beas

Río Darro

nes
del
alife

GRAFITIS MOZÁRABES EN EL ALBAICÍN

Grafitis del pasado

Muralla del Albaicín
San Martín, 16
Muralla en la Cerca de Don Gonzalo

En la muralla nazarí que rodea el Albaicín, en la Cerca de Don Gonzalo, próximo a la Puerta de San Lorenzo, se pueden ver esculpidos en el lienzo de la muralla dibujos de cruces, llaves, caballos, ciervos, motivos antropomorfos y otras figuras de carácter simbólico como la estrella de Salomón o la mano de Fátima, inscripciones en latín o en árabe o diagramas de castillos: fueron plasmados por los

mozárabes –cristianos bajo dominación musulmana– que trabajaron en la construcción de las murallas de Granada y que quisieron dejar muestras de su rebeldía realizando dibujos o grafitis. No es extraño que algunas de estas inscripciones realizadas en la propia muralla fueran grabadas en caracteres castellanos, una forma lingüística de expresar la insurgencia también frente al idioma impuesto desde el poder que les sometía.

Esta práctica se remonta hasta la época nazarí (siglos XIII-XV): los mozárabes eran una comunidad cristiana tolerada por el poder musulmán, pero no por ello quedaba exenta de ser sometida en ocasiones a estos penosos trabajos, cuyo coste se sufragaba con el pago del rescate de cautivos, según destacaron en sus publicaciones los integrantes del Centro Artístico cuando los descubrieron y dieron a conocer en 1886 y 1887.

La población mozárabe residente en Granada procedía de la compra a los caudillos militares de cautivos que eran sacados a subasta pública en las almonedas de la ciudad, utilizados como esclavos o siervos en las labores más humildes hasta alcanzar la libertad, quedándose en muchos casos en la ciudad que les permitía vivir su vida de libertos.

Precisamente el éxito y expansión fulgurante de la dominación musulmana hasta sus más amplios confines se debió a la peculiaridad de su forma de dominación. Al contrario de otras culturas, en especial la cristiana, los árabes se reservaban el poder político, cuya lengua vehicular era el árabe, cuyo conocimiento en profundidad era necesario para alcanzar cualquier puesto en la Administración. Sin embargo, las poblaciones sometidas fueron toleradas en sus costumbres, ritos y organización, debiendo solamente aportar al erario público los gravosos impuestos a que eran sometidos.

Este segundo muro defensivo de la ciudad supuso una ampliación del perímetro original de la muralla zirí que daba cabida a la ciudad primitiva en el núcleo original del Albaicín. El crecimiento paulatino de Granada, debido a la afluencia de habitantes de otras zonas conquistadas por el ejército cristiano, provocó que la ciudad llegara a alcanzar el impresionante número de habitantes –para aquella época– de cincuenta mil. Para dar cobijo a esta descomunal urbe en época medieval, hubo de levantar esta segunda muralla que alcanza hasta la altura de San Miguel Alto. No es extraño que los gobernantes hubieran de utilizar toda la mano de obra disponible para levantarla y realizar las reconstrucciones sucesivas que sufrió.

En Granada, se pueden ver otros grafitis en las cercanías de la Puerta de San Lorenzo, en el interior de la Puerta de Fajalauza, en las cercanías de la Ermita de San Miguel Alto, en casas particulares y en el Salón del Trono de la Alhambra. El caso granadino no es único: se han encontrado dibujos como estos en las excavaciones de la cordobesa Medina Azahara

LA PUERTA DE SAN LORENZO ②

La puerta guardiana

Cuesta de San Antonio (a espaldas de la iglesia de San Cristóbal)

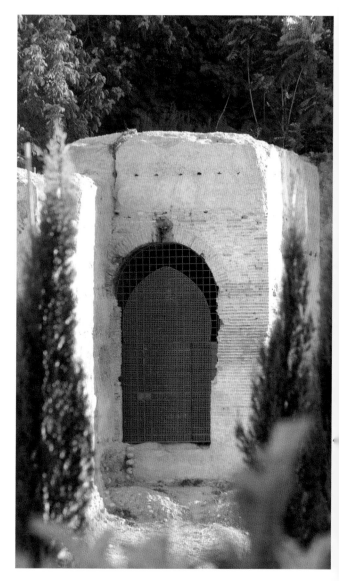

L a Puerta de San Lorenzo es una pequeña puerta de paso de la muralla exterior de la Alhambra que fue recuperada y datada después de permanecer años en el olvido.

Su estructura singular en forma de rectángulo irregular, mirando hacia el norte y el oeste, y el hecho de que se integre en una torre, la convierten en un ejemplo genuino de puerta árabe, diferente de cualquiera de las que la precedieron. Además, dar con ella supone un empeño para verdaderos buscadores de los más recónditos tesoros del patrimonio.

La fecha de su construcción se sitúa a finales del siglo XIV o principios del XV, bajo el mandato de Yusuf I y en fecha posterior a la muralla zirí en la que está integrada.

Desde su redescubrimiento en 1983, se cree que su apertura y su pequeño tamaño estuvieron motivados por la falta de acceso al Albaicín entre la puerta de Fajalauza y la de Elvira, es decir, a lo largo de casi un kilómetro y medio de recinto defensivo.

Es de difícil localización: hay que subir más allá de la Iglesia de San Cristóbal hasta la fábrica de cerámica de Fajalauza y tomar el carril de la izquierda (Cuesta de San Antonio). La ubicación de la puerta coincide con la parte posterior de la Iglesia de San Cristóbal, conocida como cerca de Don Gonzalo.

MUSEO DE GRAS Y GRANOLLERS ③

El recóndito museo de un sacerdote intelectual

Junto al Instituto de Enseñanza Secundaria Hijas de Cristo Rey
Callejón de la Alberzana, 1
958 291 806
cescristorey@cescristorey.com
cescristorey.com
Entrada previa cita acordada con la hermana Carmen María Domínguez
Entrada gratuita

En la zona menos frecuentada del Albaicín alto se encuentra el museo dedicado al sacerdote de origen catalán José Gras y Granollers (Agramunt, 1834-Granada, 1918).

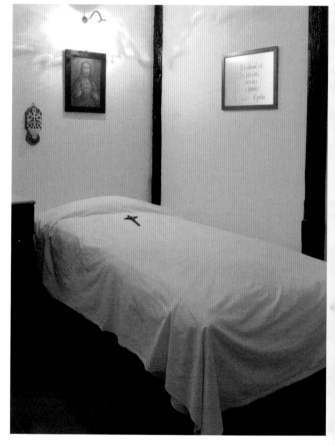

En 1993, en conmemoración del 75 aniversario de su muerte, se inauguró en su casa morisca del Albaicín, en la que vivió hasta que falleció, un pequeño y desconocido museo donde se conservan, entre otros, su escritorio, su reclinatorio y un buen número de objetos personales del sacerdote.

Educador, periodista, y sobre todo escritor, José Gras y Granollers fue el fundador del instituto religioso Hijas de Cristo Rey. Son precisamente las mismas monjas del vecino colegio las que enseñan la recoleta exposición que repasa los hitos más importantes de la vida de este hombre de fe.

En las dos salas que conforman este espacio, se aprecia la condición de escritor infatigable de Gras y Granollers, cuyas virtudes cristianas fueron reconocidas como heroicas en 1994 por decreto de la Iglesia.

Tras ordenarse sacerdote en Barcelona y desempeñar varios cargos eclesiásticos –catedrático de Teología en Tarragona, coadjutor de parroquia en Barcelona, preceptor en Madrid y Écija (Sevilla)– llegó a Granada como canónigo de la Abadía del Sacromonte. Enseñó Historia de la Iglesia en el seminario anejo a la Abadía y alcanzó el cargo de abad, creando a su vez la asociación 'Academia y corte de Cristo' y la revista *El bien*, editada durante más de cincuenta años.

El museo dispone de multitud de obras del que fue redactor asiduo del periódico *La España Católica* de Barcelona o *La Regeneración* de Madrid, como *El Paladín de Cristo* (1865), *La Europa y su progreso frente a la Iglesia y sus dogmas* (1863), *La Iglesia y la Revolución* (1869), *La Corte del Rey del Cielo* (1870), *El Salvador de los pueblos* (1872) o *Las Hijas de Cristo, apostolado social de la mujer* (1885).

El silencioso museo donde la memoria de este catalán granadino se mantiene viva y abierta da prueba de la decidida vocación tanto de sacerdote-teólogo como de escritor-propagandista católico que fue José Gras y Granollers.

FRAGMENTO DE MURALLA MODERNA EN EL CIERRE DE LA MURALLA ZIRÍ

Un trozo de modernidad en la muralla medieval

Cerro de San Miguel Alto

Para descubrir el tramo de muralla moderna que el arquitecto Antonio Jiménez Torrecillas concibió para cerrar la antigua, lo mejor es bajar desde lo alto del Albaicín, casi Sacromonte, siguiendo el camino del Polvorín para llegar a la apartada ermita de San Miguel Alto y una vez allí, recorrer el camino de piedra junto al trazado de la muralla. Unos la califican de bodrio moderno, otros de alarde de la nueva arquitectura y las nuevas teorías sobre la conservación del patrimonio. Lo cierto es que el cierre de la antigua muralla zirí de Granada en el cénit del Albaicín, en su zona más agreste e indómita, no deja indiferente a nadie, ni a vecinos ni a visitantes, que sufren o curiosean este trozo de muro hueco que los vecinos utilizan para atravesar la muralla.

Desde el inicio de la rehabilitación de la muralla zirí en 2005, muchas preguntas surgieron sobre la extraña colocación de los ladrillos, que dejan huecos para el paso de la luz. Muchas quejas se alzaron contra el angosto vericueto que recorre por dentro esta parte de la muralla y, en fin, pocos aplausos recibió este trozo de arquitectura vanguardista que, si bien epató a los entendidos, disgustó enormemente a los granadinos.

Antonio Jiménez Torrecilla fue el artífice de este alarde vanguardista que pretendía rellenar una rotura de unos 40 metros de longitud en la muralla árabe causada por un seísmo allá por el siglo XIX. Premios y menciones en los libros de la arquitectura más contemporánea no fueron obstáculo para que el Ayuntamiento de Granada paralizara la obra al borde mismo de su finalización, obligara a su derribo y luego exigiera en su reconstrucción una reforma que hiciera más funcional la construcción, obligando al arquitecto a realizar una simple apertura de la muralla en uno de los laterales para que los vecinos pudieran atravesar el recinto amurallado –que era la función que se le había encomendado.

La cultura del agua

Placeta Cristo de las Azucenas
958 200 030
fundacionaguagranada.es/
De lunes a viernes visita guiada a las 12 h
Entrada libre
Grupos mediante reserva telefónica

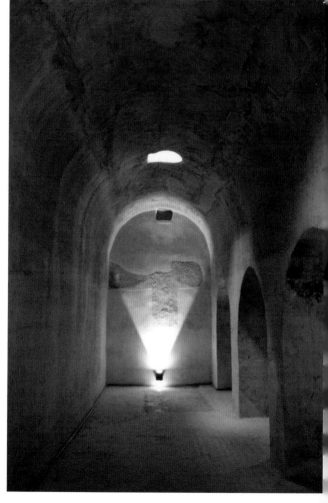

E l Aljibe del Rey, situado en el subsuelo del carmen del mismo nombre –un caserón restaurado con mimo– es el mayor aljibe del Albaicín y un tesoro del patrimonio arquitectónico granadino.

El suministro de agua en el Albaicín constituye todo un alarde de ingeniería civil que tiene en el Aljibe del Rey uno de sus mejores exponentes. En este enorme espacio subterráneo, jalonado de arcadas y pilares e iluminado por la luz de las claraboyas superiores, se puede apreciar la riqueza hídrica de la que disfrutaron los árabes, quienes, con razón, retuvieron este paraíso de ciudad hasta el final de siglo XV.

Más de 300 metros cúbicos de capacidad repartidas en cuatro naves nutridas de agua por uno de los cinco ramales que traían agua hasta la Medina de Garnata (nombre árabe de Granada) desde su nacimiento en Fuente Grande, en la cercana Sierra de Huétor, allí donde nace la acequia de Aynadamar.

Un pequeño orificio de entrada y otro de salida al otro extremo de la sala da prueba del recorrido que realizaba el líquido elemento por esta enorme sala subterránea y fresca, garantía de salubridad y de suministro a la zona baja del barrio granadino del Albaicín.

El caserón que se ha mantenido en pie sobre este aljibe, restaurado una y otra vez desde el siglo XVI, guarda interesantes restos de la arquitectura nazarí, además de alojar en la actualidad el Centro de Interpretación del Agua de Granada, creado por la Fundación AguaGranada.

El recorrido del agua por el Albaicín, de un solo vistazo

El recinto alberga una enorme maqueta a escala de la ciudad para visualizar el suministro de agua donde, mediante pequeñas lucecitas, se puede observar el recorrido de los diferentes ramales del agua albaicinera. De un simple vistazo uno descubre cómo esta ciudad medieval disfrutaba de agua corriente en casas, baños públicos y plazas cuando aún en Europa los 'civilizados' cristianos debían recorrer largos trechos, cubo en mano, para abastecerse del líquido elemento.

PALACIO DEL MARQUÉS DEL CENETE

El Palacio desconocido del último rey de Granada

Tiña, 28
Teléfono de Hogares del Pilar: 958 278 036
657 406 720 - 696 849 063
Visitas en grupos organizadas por Granada Conventual
granadaconventual.com
Grupos a partir de 10 con reserva previa
Visita guiada: precio a convenir

Si en algún lugar de Granada se puede decir que pervive el recuerdo de Boabdil (ver más abajo), este sería el lugar señalado, porque en este desconocido palacio del Marqués del Cenete, que hoy alberga un colegio, Boabdil fue proclamado rey de Granada en 1487.

Rodeado de huertas y jardines que aún se conservan pasó sus días el hijo de Muley Hassan, sobrino del Zagal, el eterno pretendiente al trono. En los últimos días de Al Ándalus, el reino de Granada era un

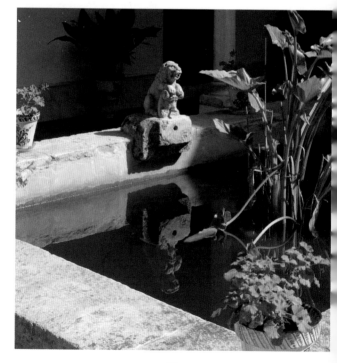

enjambre de abejas de las que Boabdil vino a refugiarse a este palacio, cercano al de su madre que vivía en el palacio de Dar al Horra, durante las guerras civiles que le enfrentaron a su tío, el infante de Almería.

La arquitectura original del palacio, aún apreciable en el patio central con una alberca y columnas de innegable traza nazarí al que se abren las diferentes estancias, se mantuvo intacta hasta la profunda remodelación que sufrió en el siglo XVII, en la que se añadieron unas galerías porticadas en torno al patio sin mayor valor estético.

Al concluir la Reconquista este palacio sobrio y recóndito pasó a ser propiedad del Marqués del Cenete, Rodrigo de Mendoza, y después a uno de los señores principales de la ciudad, José de la Calle y Heredia, capitán de Felipe IV, quien lo destinó a hospital para tiñosos bajo la advocación de la Virgen del Pilar. Las madres mercedarias regentaron el hospital, luego orfanato de niñas hasta la década de 1980 cuando se convirtió en el actual centro estudiantil y eventual sala de conciertos.

Boabdil, el rey desdichado

Abū Abd Allāh Muhammad (Granada, ¿1459? - Fez, 1533) fue conocido como el rey Muhammad XII de la dinastía nazarí, aunque los cristianos pronto le bautizaron como Boabdil (por deformación fonética) o Boabdil el Chico (para distinguirlo de sus antepasados) o también como Al-Zugaibi, 'el Desdichado'. Su reinado estuvo marcado por el ocaso del reino de Granada y por las luchas intestinas que, además de la presión ejercida por los reinos cristianos, acabó por hacerlo desaparecer.

Nació en la Alhambra y de ella debió despedirse un frío 2 de enero de 1492, camino de su exilio en el norte de África. Hijo de Muley Hacén y la sultana Aixa, comenzó su vida pública sublevándose contra su padre en 1482 en Guadix, apoyado por el bando de los abencerrajes y por su propia madre, quienes le instaurarían en el trono. En lucha permanente con su tío, con su padre y con las tropas cristianas, fue apresado durante la batalla de Lucena por los Reyes Católicos. Para obtener la libertad debió ceder a sus enemigos las tierras de Almería dominadas por su tío el Zagal, cesión que a la larga provocaría el final de su reino al favorecer de este modo la penetración de las tropas cristianas.

Cercada Granada y agotada su población por el asedio implacable, obtuvo de los Reyes Católicos unas ventajosas capitulaciones que aseguraron la pervivencia de la cultura de su pueblo en la ciudad, mientras que él marchaba al exilio en la localidad almeriense de Laujar de Andarax, paso previo a su exilio en Fez, donde fallecería en 1533.

CARMEN DE LOS CIPRESES

A la sombra del ciprés

Cuesta de San Gregorio, 5
958 226 089
Visita para grupos con cita previa

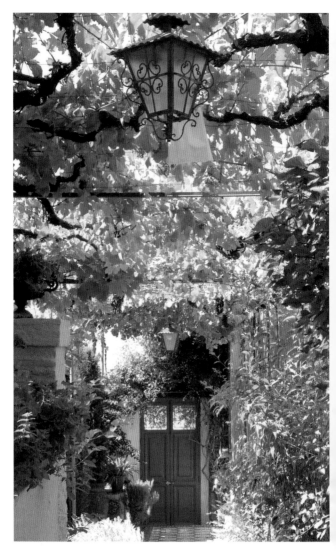

Quizás sea el carmen que con mayor majestad sostiene a través de los siglos la antorcha del espíritu que encierran estas casonas albaicineras.

Propiedad del diplomático español Fernández-Fábregas, de uso privado incluso durante las temporadas que este antiguo embajador en Polonia pasaba en su patria chica, tanto su inmensidad y sus inagotables panorámicas sobre la Alhambra como el propio Albaicín o la Granada moderna lo convierten en un baluarte envidiable desde el que la vida se contempla con holgura.

Es fácil adivinar la razón de su nombre con sólo asomarse a su gran jardín presidido por una alberca que, señalando hacia la Alhambra, parece indicar el camino de descenso por los diferentes niveles de la finca, donde los granados se alternan con los limoneros, los caquis con los nísperos o donde la hiedra compite por aferrarse al muro con el oloroso jazmín florido.

Gracias a que está habitado y muy cuidado en todos los detalles por los guardeses y dos jardineros, esta especie de palacete albaicinero no ha perdido el sabor de hogar siempre a la espera del regreso de sus inquilinos. Fotografías de la familia aguardan en los estantes; sillones de enea para los días de calor en el porche acristalado; camas altas, antiguas y mullidas en las habitaciones; capiteles orlados coronando los fustes de las columnas soportan el balcón voladizo del patio interior.

Todo apunta hacia el exterior, a la contemplación periférica, sin embargo, todo se torna interior en este espacio sin horas, donde encontrar el velador en el que García Lorca se reunía durante largas tardes de charlas con su tertulia del Rinconcillo, la granadina, la de Melchor Almagro y los suyos, a los que diría adiós cuando la modernidad madrileña le reclamara. Todo es mate o pastel en los innumerables salones y salas, dormitorios y vestidores, nada chirría. Las cosas parecen haber encontrado su lugar en cada estancia, como si alguien le hubiera dado, también a ellas, la libertad de ser en armonía.

AJEDREZ EN
EL HAMMAM AL ÁNDALUS

Campeonato de ajedrez en el agua

Santa Ana, 16
958 229 978 - 902 333 334
Campeonato en noviembre
Inscripciones: granada@ajedrezenelagua.com
ajedrezenelagua.com
Reservas para los baños: granada@hammamalandalus.com

Durante el mes de noviembre, el Hammam de la Calle Santa Ana, situado justo debajo de la Torre de la Vela, nos ofrece la singular posibilidad de jugar una partida de ajedrez sumergidos en sus cálidas aguas y bajo una luz tenue, como también es tradicional en los populares baños de Budapest.

La concentración de los competidores se mezcla con el calor y el vaho de los baños, donde, con medio cuerpo metido en el agua, 40 jugadores tratan de llegar a la final. Cada partida ha de ser inferior a 15 minutos y se rige por la reglamentación establecida en la Federación Internacional de Ajedrez (FIDE). Además del premio en metálico que se lleva el ganador, todos los participantes tienen derecho a un masaje.

Este es el primer establecimiento de este tipo que abrió sus puertas en la década de los 90, y su popularidad no ha hecho más que crecer desde entonces, por lo que se han abierto otros baños en Córdoba, Madrid, y Málaga.

EN LOS ALREDEDORES
Baños árabes del Bañuelo

Carrera del Darro, 31
958 229 738
De lunes a domingo de 10 a 14.30 h y de 17 a 21 h
Acceso libre

A pocos metros de los baños del Hammam de Santa Ana, nada más cruzar el primer puente que salva el río Darro, se puede conocer de primera mano lo que fueron realmente los baños árabes originales. Conocidos como El Bañuelo (o de Hernando de Zafra) y situados en la parte trasera de una casa particular, se hallan los restos arqueológicos perfectamente conservados –a pesar de estar datados en el siglo XI– del baño público de la zona baja del Albaicín, del barrio de los Axares.

EL COBERTIZO DEL CARMEN DEL COBERTIZO

El cobertizo más antiguo de toda Andalucía oriental

Bajo Albaicín
Cobertizo de Santa Inés, 6
958 227 652
carmendelcobertizo.es

Un cobertizo es un "pasillo edificado en altura que une dos edificios separados por una calle". Esta curiosidad arquitectónica da nombre e identidad al Carmen del Cobertizo.

En este rincón del bajo Albaicín no sólo se puede ver un ejemplo perfecto de cobertizo, herencia árabe y andalusí, sino el más antiguo de toda Andalucía oriental ya que data del siglo XIV.

Escondido y con acceso por una calle sin salida, toma el nombre de uno de los pocos cobertizos de la época árabe que quedan en pie en Granada, un tipo de construcción que fue derruida casi en su totalidad al ser prohibida por los Reyes Católicos para evitar revueltas de los moriscos del Albaicín.

En este lugar el silencio corre acompasado por el sonido del agua. Las fuentes lucen con su burbujeo constante en el centro de un patio con columnata que sirve de elemento central de la vivienda, un palacete de estilo renacentista, construido en el siglo XVI sobre unos restos árabes del siglo XI.

Los cinco cobertizos que quedan en la ciudad

Cinco cobertizos quedan en toda la ciudad de los cientos que hubo repartidos por sus hirsutas calles. Además del cobertizo del hotel, podemos ver dos más en el bajo Albaicín: uno en la calle San Juan de los Reyes, justo donde se cruza con la cuesta del Chapiz, y otro donde la calle Gloria se encuentra con Carrera del Darro. Aún diseminados por la ciudad, encontramos uno más en el Pasaje de Santo Domingo del Realejo y otro en la Alcaicería, antiguo mercado árabe, junto a la Plaza de Bib-Rambla.

LA VENTANA TAPIADA
DE LA CASA DE CASTRIL

La leyenda de la hija emparedada

Carrera del Darro, 41-43
Visible desde el exterior

Encima del balcón ciego de la Casa de Castril, curioso por estar ubicado justo en la esquina, la inscripción "Esperándola del cielo" recuerda la oscura leyenda de la hija de Don Hernando de Zafra, tercer marqués de Castril, que fue supuestamente emparedada por su propio padre para impedir su matrimonio.

Según la mayoría de las versiones que han llegado a nuestros días, el señor de la casa encontró a su hija Elvira en sus aposentos yaciendo con Alfonso de Quintanilla, hijo de una familia enemistada con los Zafra. Los amantes habían mantenido en secreto su amor hasta aquel fatídico momento gracias a un emisario cómplice, el padre Antonio, capellán de esta noble casa.

«En represalia por semejante agravio, ordenó colgar al intruso en el mismo balcón de la habitación. Como el joven pidió clemencia del padre y auxilio de la justicia divina, el Señor de Castril, iracundo, le espetó «Colgado quedarás, esperándola del cielo». Una vez ejecutada la atroz sentencia, insatisfecha aún su sed de venganza, encerró a su hija en su habitación, tapiando puertas y ventanas, quedando en el balcón ya tapiado para siempre la cruel sentencia de muerte "Esperándola del cielo", como amenaza disuasoria para aquellos que pretendieran intentar mancillar de nuevo el honor familiar.

El citado cielo, sin embargo, se vengó de tan cruel e inflexible padre según cuenta la leyenda popular. La hija, desolada, acabó suicidándose en su habitación convertida en prisión. Además, el propio padre no encontraría descanso ni en vida ni en muerte. El día de su deceso, estando el cortejo fúnebre ya en la calle, tronó el cielo en Granada, provocando el desbordamiento del río Darro, que en tromba arrastró el féretro calle abajo, impidiendo de este modo que el vengativo tercer señor de Castril, don Hernando de Zafra, llegara jamás a recibir cristiana sepultura.

Originariamente la casa de Zafra fue un palacio nazarí cercano al Maristán (Hospital), que, como tantos otros edificios, fue reconvertido en palacio cristiano y donado a don Hernando de Zafra, uno de los protagonistas de la Reconquista castellana.

A partir de 1527 formó, junto con otras propiedades colindantes, el convento de religiosas dominicas de Santa Catalina de Siena. El Ayuntamiento de la ciudad compró esta casona en 1946, realizando algunas transformaciones que no afectaron especialmente a su traza original y hoy día es sede del Museo Arqueológico.

ESCULTURA DEL PINTOR APPERLEY

El 'gitano inglés'

Placeta de la Gloria

Hubo muchos artistas que una vez que descubrieron el Albaicín ya nunca pudieron marcharse. Este fue el caso del pintor inglé Apperley, un aristocrático artista que se afincó en Granada con carmen incluido, cuya memoria ha quedado reconocida con una pequeñ escultura erigida en una de las plazas más recónditas del Albaicín situada en la ladera del barrio que vierte al río Darro.

La estatua fue una de la últimas del escultor Marian Benlliure –autor también d la céntrica estatua a Colón– preside la placeta de la Gloria (o Placeta de Apperley), u espacio rescatado en el añ 2011 del abandono, ya qu era una escombrera inmunda

Se trata de una pequeñ talla en bronce realizada co gran detalle en la que aparec el pintor –el 'gitano inglés'– en pleno momento creativo.

Hoy la plaza está envuelt en el halo de ensueño qu cobija todo el entorno urban del barrio. No hay tráfico, n hay turistas, sólo algún vecin que pasa o alguna pareja d enamorados que ha buscad este lugar secreto para tene intimidad. Componen est espacio algunos setos, par terres y bancos, y una reja qu protege la diminuta escultur del pintor.

George Apperley

George Owen Wynne Apperley nació en 1884 en la Isla de Wight (Inglaterra) en el seno de una familia aristocrática de tradición militar galesa, donde recibió la educación tradicional victoriana de la época. Estudiante de arte en la Herkomer Academy, viajó a Italia en 1904 y allí descubrió por primera vez la luz del Mediterráneo. Con sólo 20 años fue reconocido por su trabajo en la exposición anual de la Real Academia de Londres. En 1916 se instaló en Granada, especializándose en el retrato femenino. Con su musa y modelo de 14 años, Enriqueta Contreras, inseparables ya de por vida, concibió a sus hijos Jorge y Enrique. Enemigo de todos los 'ismos', defendió la tradición y el realismo. Entró en contacto con pintores granadinos como Soria Aedo, Rodríguez Acosta, López Mezquita o Morcillo en su carmen granadino del mirador de San Nicolás, conocido en Granada como 'Carmen de Apperley'.

En 1945 recibió la encomienda de Alfonso X el Sabio y fue nombrado Académico de Honor de la Real Academia de Bellas Artes de San Telmo (Málaga). Su conservadurismo declarado provocó que en los agitados años de la II República sufriera un atentado con bomba en su casa, razón por la cual se trasladó con su familia a Tánger (Marruecos). Allí murió de una embolia cerebral en 1960.

Pastelitos 'Apperley'

En la confitería López Mezquita, propiedad de la familia del gran pintor impresionista granadino José María López Mezquita, Federico García Lorca bautizó unos bizcochos rellenos de mermelada de fresa como pastelitos 'Apperley', por ser los favoritos del pintor. Incluso un día que el artista se encontraba enfermo envió a una empleada a pedir "el pastel que todos los días compra el Sr. Apperley", mostrando el dibujo que le había realizado el propio pintor.

LA CAPILLA 'PICHINA'

Erotismo en la pared

Carmen de los Patos (Restaurante Mirador de Morayma)
Pianista García Carrillo, 2
958 228 290
miradordemorayma.com
De 13.30 a 23.30 h; cerrado domingos noche y los domingos de julio y agosto

En los años 70 una tertulia de incipientes artistas granadinos, hoy consagrados, plasmó en las paredes del edificio del Carmen de los Patos unos frescos muy picantes, que con sorna dieron en llamar capilla 'pichina' ('picha' es sinónimo de pene en el argot granadino).

Como las paredes lucían blancas como lienzos, los propios artistas emprendieron la tarea de plasmar en ellas su desbordante imaginación. La abrumadora mayoría de artistas del sexo masculino motivó que el elemento fálico fuera la temática dominante en todos los frescos, de ahí que todos los cuadros incluyan algún miembro, algunos de ellos de descomunales proporciones.

Mariano Cruz, propietario del edificio y del restaurante el Mirador de Morayma, fue quien promovió a finales del franquismo las reuniones en la bodega de su propia casa. Artistas, escritores, bohemios y curiosos –protegidos bajo el velo de la inocua gastronomía– daban rienda suelta a sus ideas artísticas. El poeta Rafael Guillén, premio Nacional de Poesía, el escritor Francisco Izquierdo o el escultor Cayetano Aníbal fueron algunos de los habituales de aquellas charlas interminables en las que el vino y las buenas viandas animaban el intercambio de ideas y pareceres.

Aquellas reuniones siguen celebrándose de vez en cuando pero en un lugar más confortable y a ras de tierra, es decir, en el propio restaurante. Abajo, en la bodega donde ahora duermen los caldos que esperan a ser servidos en las mesas, descansan los frescos, recuerdo de aquellas noches de vino y arte.

EL CARMEN DE LA VICTORIA

El Carmen de la universidad

Cuesta del Chapiz, 9
958 223 122
carmendelavictoria.ugr.es
Todos los días de 10 a 22 h
Entrada libre

El Carmen de la Victoria es el lugar privilegiado donde los profesores invitados a conferencias o estancias cortas por la Universidad de Granada pueden disfrutar el lujo de vivir la experiencia de contemplar la Alhambra cuando se levantan cada mañana.

Es un edificio de típica arquitectura árabe, cuyo jardín es paradigma del característico terreno aterrazado y con diversidad floral, destacando especialmente una impresionante enredadera convertida con el paso de los siglos en tronco de grandes dimensiones.

En la actualidad, este carmen está destinado principalmente a residencia para profesores invitados ya que fue adquirido por la Universidad de Granada en 1945. Su forma actual data sin embargo de fines del siglo XIX cuando se unificó parte del primitivo Convento de la Victoria con el Carmen Olivarillo-Carmen Percal.

Granada, la ciudad de los cármenes

Granada es conocida con el sobrenombre de 'ciudad de los cármenes' pues el carmen es el tipo de casa más genuinamente local desde tiempos de los árabes. Más que un edificio es una forma de vivir y de entender la vida que, aún hoy, permanece en pie gracias al celo de los escasos propietarios que viven en esta vivienda lujosa y austera a un tiempo.

La palabra 'carmen' procede del árabe karm que significa 'viña' o 'viñedo'. El concepto se ha definido como "quinta granadina, con huerto y jardín" o como "finca de recreo y al mismo tiempo utilitaria". Tres son los elementos que lo constituyen: una vivienda exenta con torreón, con jardín-vivero y con un adarve o muro que lo separa de la calle y priva a los curiosos de acceder a la intimidad del hogar, en sintonía con la filosofía musulmana.

La casa, cuya construcción está condicionada por el terreno en ladera, era originariamente pequeña y estaba modestamente construida de ladrillo, argamasa, cal y mosaicos; materiales sencillos que sin embargo crean una aureola de casona rica y hasta lujosa.

El carmen actual nació a partir de comienzos del siglo XVII, tras la expulsión de los moriscos del Albaicín que pasó de ser populoso a convertirse en un barrio en ruinas en tan sólo dos años, de 1568 a 1570. El carmen moderno procede del auge de la época barroca y del siglo XIX, cuando la burguesía ilustrada, influida por los orientalistas, reconstruye los cármenes antiguos adornándolos con detalles falsamente orientales. Desde entonces, tener un carmen en el Albaicín es sinónimo de riqueza y de sensibilidad especial.

Hay cármenes en el barrio del Albaicín y en ambas laderas de los cauces del Darro y del Genil, zonas donde la canalización de agua potable a través de acequias y aljibes para el mantenimiento de las huertas hizo posible la edificación de estas tradicionales casas granadinas. Otros barrios como la Antequeruela, El Realejo y La Cuesta de la Churra también albergan hermosos cármenes.

ESCUELAS DEL AVE MARÍA

La novedosa pedagogía didáctica del Padre Manjón

Cuesta del Chapiz, 20
958 229 456 – 958 221 460
casamadre.amgr.es/
De lunes a viernes de 9 a 13 h
Visita previa cita

Las escuelas del Ave María del Sacromonte son una institución educativa creada por el Padre Andrés Manjón y Manjón y pionera en la pedagogía didáctica. A estas escuelas acudían sobre todo los niños que poblaban el Sacromonte, en su mayoría de raza gitana, a quienes se impartía doctrina cristiana y una instrucción elemental.

Frente a la marginación y al analfabetismo, Manjón opuso un novedoso sistema educativo basado en la necesidad natural de jugar como medio para la comprensión de las materias.

El recinto se extiende más de un kilómetro y medio a lo largo de la ribera del río Darro y está formado por un total de ocho cármenes unidos entre sí.

Aunque las cuevas aledañas fueron convertidas en aulas o residencias para estudiantes, también se impartían clases al aire libre. La teoría y la práctica se unían en talleres de costura, planchado, lavado, cocina, zapatería, carpintería e imprenta. Incluso hubo clases de dibujo dirigidas por los prestigiosos pintores Manuel Gómez-Moreno y La Rocha.

Hoy en día, si bien las escuelas-cueva ya no existen como tales, se pueden visitar con cita previa algunas muestras del poco convencional 'método manjoniano', como el descomunal mapa-estanque para enseñar Geografía, rayuelas históricas, planetarios, fichas de números y letras o petos para formar palabras.

También se puede visitar el despacho de Andrés Manjón y ver una recreación de su dormitorio con sus objetos personales: abrigos, botas, el bonete de Licenciado en Derecho y el de su nombramiento como canónigo del Sacromonte, su cama, el aguamanil o la sábana con la que se le amortajó.

El Padre Andrés Manjón y Manjón

Andrés Manjón y Manjón (Sargentes de la Lora, 1846-Granada, 1923), teólogo, jurista y pedagogo de familia humilde, se formó en filosofía y teología en Burgos. Más tarde, después de ser ordenado sacerdote (1886), se licenció en Derecho en Valladolid donde se doctoró. En Madrid impartió clases en el colegio de San Isidoro, donde descubrió su verdadera vocación, la de enseñanza. Profesor de Derecho Canónico en Santiago en 1878, ocupó posteriormente una plaza en la Universidad de Granada, donde escribió su Tratado de Derecho Canónico. Descubrió el barrio del Sacromonte al convertirse en canónigo de la abadía. Su labor pedagógica, plasmada en las Escuelas del Ave María, supuso toda una revolución en la enseñanza del mundo entero.

ERMITA DEL CRISTO DE LA CAÑA ⑮

El Cristo flamenco

Camino del Sacromonte, 47

La ermita del Cristo de la Caña es una pequeña cueva situada en el mismo Camino del Sacromonte, emplazada junto a la discoteca más famosa y trasnochadora del barrio, la discoteca-cueva El Camborio.

La cueva está presidida por un curioso cuadro de lo que en el Sacromonte se conoce como 'el Cristo de la Caña', venerado en este entorno por sus reminiscencias flamencas, al ser la caña (o vara rajada) uno de los instrumentos utilizados en las fiestas flamencas como repiqueteo de las palmas.

La imagen es una copia de pobre factura, pues la pieza original, del siglo XVII, está guardada en casa de la propietaria del pequeño templo.

La representación del Cristo en la columna, coronado de espinas y con las manos atadas, está iluminada día y noche por un farol que deja ver otros cuadros en los laterales y la cúpula del reducido santuario, donde nunca faltan flores frescas y cirios encendidos.

El mantenimiento corre a cargo de varias mujeres de la zona que se turnan para que todo esté limpio, y para vigilar que no vuelvan a robar, razón por la que retiraron el cuadro original.

Para acceder al interior, hay que insistir varias veces hasta coincidir con una de estas mujeres que se ocupan desinteresadamente del lugar.

Hace años que la cruz que marcaba este punto del vía crucis del Camino del Sacromonte ha desaparecido. Aun así la ermita se resiste a ser engullida por el turismo que ha trasmutado toda la avenida en una suerte de museo folclórico. El templo no ha recibido ayuda alguna para su restauración. Como toda la zona, se resiente de la desidia de las autoridades municipales que nunca han llegado a acometer planes de rehabilitación y acondicionamiento integral de este singular barrio granadino. Los dueños de la discoteca colindante se han interesado en su compra, pues el espacio les vendría bien para colocar las cajas de bebidas.

A pesar de todos los embates del progreso, ahí sigue iluminado el Cristo gitano del camino del Sacromonte, ante cuya figura los vecinos se santiguan, con una curiosa mezcla de devoción y superstición que impregna cada rincón de este lugar sagrado y salvaje.

CENTRO DE INTERPRETACIÓN Y MUSEO DE LAS CUEVAS DEL SACROMONTE

Una casa-cueva

Barranco de los Negros, Sacromonte
958 215 120
info@sacromontegranada.com
sacromontegranada.com
De lunes a domingo de 10 a 20 h (del 15 de marzo al 14 de octubre); de lunes a
domingo de 10 a 18 h (del 15 de octubre al 14 de marzo)
Duración aproximada de la visita: 1 hora

El renovado interés por la forma de vida en cuevas llevó hace una década a la creación del Centro de Interpretación y Museo Etnográfico de las Cuevas del Sacromonte, un lugar de empinado acceso donde se da a conocer una forma de vida cavernaria que aún se mantiene viva en la ciudad de Granada y su provincia. En este museo se pueden visitar varias viviendas-cueva tal y como se vivía en ellas hasta mediados del siglo XX. Gestionado por la Asociación Vaivén Paraíso, ofrece abundante información sobre esta peculiar forma de vida.

La casa-cueva es, y fue, la forma de vida característica del barrio del Sacromonte. No consiste sólo en vivir debajo o en la tierra, sino con y dentro de ella, aprovechando su temperatura permanente de entre 18 y 22 grados y el aislamiento del calor y del frío exterior que proporciona.

La relación del hombre con la cueva es dinámica, adentrándose en la montaña conforme se necesita más espacio. Su construcción requiere de un terreno impermeable y consta de sucesivas estancias: la fachada con ventana y puerta, orientada hacia el este; la chimenea y el patio interior, excavado al otro extremo de la puerta; la primera habitación, de tránsito, da paso a la cocina, el alma de esta vivienda y la habitación más grande y territorio del matriarcado. Los dormitorios prolongan la vivienda picando las habitaciones hacia el interior de la montaña; las salas con más luz se utilizaban para trabajar, los hombres fabricaban capazos y cestería de esparto o mimbre mientras que las mujeres bordaban, cosían y zurcían.

Durante siglos las cuevas del Sacromonte sirvieron de refugio de la población marginal de la ciudad: los moriscos y, más tarde, los gitanos. En las últimas décadas, con los vientos ecológicos que recorren el planeta, se han redescubierto estas viviendas, convirtiéndose cada día en cotizados alojamientos de artistas y extranjeros en busca de exotismo y tranquilidad.

El príncipe de los gitanos

El patriarca Mariano Fernández, 'Chorrojumo' (sobrenombre resultante de las palabras 'chorro' y 'humo'), fue la encarnación de la imagen que los visitantes tenían de los lugareños en la segunda mitad del siglo XIX.

Chorrojumo dejó el oficio de herrero para pasearse por la Alhambra, dejándose fotografiar 'disfra-  zado' de gitano. Acompañado de visitantes, contaba muchas historias y vendía sus propias fotografías siendo las más famosas las de Ayola.

Fue el pintor Mariano Fortuny quien descubrió a este personaje de la historia del tipismo granadino y las postales de turistas. Gracias a sus ingresos pudo mudarse del Sacromonte, pero un ataque le paró el corazón mientras paseaba por la Alhambra, de la que llegó a ser la parte humana imprescindible del decorado.

En sus más de cuarenta años de vida profesional hubo de perseguir a los muchos competidores que le fueron disputando su autoproclamado trono de príncipe o rey de los gitanos.

TETERÍA DEL BARRANCO DE VALPARAÍSO (O DEL CORTIJO DEL AIRE)

Una tetería histórica y alternativa

Barranco de Valparaiso

En la parte más alta del barranco del Valparaíso sacromonteño, una tetería luce un flamante cartel donde se puede leer 'Cortijo del aire' en alusión al cortijo que efectivamente hubo en sus cercanías. Otro cartel avisa que aquel lugar donde se puede tomar una amplia variedad de tés está gestionado por la 'Asociación Cultural Ateneo Libertario'.

El estudioso Antonio Villar Yebra apuntó la teoría de que aquello era en realidad, en tiempos de los moriscos, una ermita escondida donde los conversos recibían el bautismo.

Entre los apacibles pinos, Ismael, el dueño de una cueva, comenzó a ofrecer un refrigerio a los caminantes que por allí llegaban. Con el tiempo, reciclando materiales de aquí y de allá (ruedas de coches o de camiones, tablas o piedras), instaló mesas y sillas donde hoy se sientan los visitantes que descubren este rincón perdido de todos los mapas.

El propietario de la vivienda y del establecimiento lleva 20 años residiendo en esta casa-tetería, donde abundan los libros y escasea la luz eléctrica que proporciona una pequeña placa solar de reciente instalación.

Lleva el mismo modo de vida que sus vecinos del Barranco de Valparaíso, las cuevas del primer camino a la izquierda desde el Camino del Sacromonte en dirección a la abadía.

La propiedad de las cuevas, en muchos de los casos, no corresponde al inquilino, dada la ausencia ancestral de registros de la propiedad para este tipo de vivienda.

A veces el aspecto de esta 'avenida troglodita' se distingue de los barrios más convencionales únicamente por la ausencia de alumbrado municipal o la red de saneamiento de financiación pública.

ALJIBE DEL CUTI

El aljibe perdido

Barranco de Valparaíso
Cueva siempre abierta

La fuente del Cuti se encuentra en una de las pronunciadas ramblas que jalonan el Sacromonte granadino, cuyo sinuoso trazado ha dejado recovecos en la arenosa tierra de la zona donde la población del Sacromonte estableció desde antiguo sus más agrestes cuevas y chamizos.

El aljibe se encuentra en un rincón perdido de todas las guías y catálogos de las fuentes granadinas. La visita a la cueva, siempre abierta, ha de hacerse con respeto, dado su interés arqueológico. Se encuentra más allá de la Abadía del Sacromonte y del barranco de los Naranjos o del Barranco de los Negros, en una zona llamada Valparaíso, que se mantiene hoy en día como si los siglos no hubieran transcurrido.

Sorprende sobremanera encontrarse este pozo a ras de suelo, en mitad de un sendero sin nombre y sin señal alguna que indique su existencia, tan solo un arco ojival de ladrillo enmarca su entrada. Sólo los vecinos de la propia fuente, que aprovechan el agua del aljibe para autoabastecerse, conocen la sangrienta historia que encierra este depósito natural de agua (ver más abajo).

La función de esta fuente, mina o aljibe, no es otra que la de recoger el agua que se filtra por el interior de la montaña hasta llegar a una capa impermeable de arcilla. En el interior, a unos cien metros de profundidad, se almacena el agua que gotea hasta la cueva interior de suelo de ladrillo, mediante unas simples canaladuras hendidas en la misma tierra.

Huida y muerte de un guerrillero

Un informe policial ha dado a conocer en fechas muy recientes la caza y captura que la Guardia Civil acometió en la década de 1940 contra un legendario guerrillero antifranquista, escondido en el aljibe del Cuti.

Según narra el documento, los rebeldes hermanos Quero protagonizaban por entonces atracos e inverosímiles persecuciones a balazo limpio por las calles de la ciudad.

En julio de 1945, dos de ellos, Francisco y Pedro Quero, fueron cercados por la Guardia Civil. Sostuvieron un tiroteo en el que Francisco resultó herido de un disparo en un ojo. Decidieron escapar, y en la huida, Pedro se rompió una pierna y su hermano Francisco le ayudó a escapar cargándole sobre sus espaldas hacia lo más profundo del Sacromonte.

Separados, para que al menos uno de ellos salvara la vida, llegó cojeando Pedro Quero hasta la Fuente del Cuti. Creyéndose a salvo en su escondrijo fue de nuevo acorralado por sus perseguidores quienes rodearon la única salida. Sin escapatoria, Pedro exclamó a gritos que entraran a por él si querían capturarle. Dos números de la Guardia Civil intentaron acceder al estrecho aljibe y allí encontraron la muerte. La boca del aljibe fue volada con 7 kilos de dinamita pero Pedro volvió a clamar que entraran a por él, si se atrevían.

Sabiéndose muerto de antemano, fingió su rendición, no sin antes solicitar la gracia de poder fumarse un cigarrillo. Una de sus cuñadas, presente en el asedio, le entregó la picadura de tabaco para salir al poco llorando de aquel agujero. Los guardias, impacientes, ordenaron al fugado que saliera con las manos en alto. Por toda respuesta se oyó un disparo seco que dejó paralizados a todos los allí presentes. La cuñada de Pedro Quero fue forzada a entrar de nuevo a recoger el cuerpo ya sin vida de Pedro Quero, que cumplía así el juramento que hiciera junto a sus hermanos de no dejarse ninguno atrapar con vida.

LAS ESTRELLAS DE DAVID
DE LA ABADÍA DEL SACROMONTE

Un símbolo que no es sólo hebraico

Camino del Sacromonte, 4
958 221 445
Todos los días, excepto lunes, de 11 a 13 h y de 16 a 18 h

Para gran sorpresa del visitante, la Abadía del Sacromonte está llena de estrellas de David, o mejor dicho, de hexagramas estrellados o estrellas de seis puntas: se pueden ver en la puerta de acceso principal, en la puerta de la Abadía, y en varios lugares de las paredes exteriores.

Al contrario de lo que muchos piensan, este importante símbolo no ha sido siempre un símbolo hebraico – lo es tan sólo desde el siglo XIV; fue también un símbolo importante para los cristianos y los musulmanes.

Además, entre los famosos libros plúmbeos (ver página 106) que alberga la Abadía, hay uno dedicado precisamente al sello de Salomón que se titula: «Libro de la historia del sello de Salomón. Historia del sello del profeta Salomón, hijo de David, y de sus misterios, según Santa María Virgen», escrito por Cecilio Ebnelradi, discípulo de Santiago.

Para más información sobre el simbolismo de la estrella de David, ver siguiente doble página.

Para más información sobre el sentido esotérico de los libros plúmbeos como posible "quinto evangelio", ver página 106.

El hexagrama, ¿un símbolo mágico?

El hexagrama, también conocido como Estrella de David o Escudo de David (*Magen David*), está formado por dos triángulos equiláteros entrelazados (uno apunta hacia arriba y el otro hacia abajo) que simbolizan la naturaleza espiritual y la naturaleza humana del hombre. Sus seis puntas corresponden a las seis direcciones en el espacio (norte, sur, este, oeste, cénit y nadir) y muestran el movimiento universal completo de los seis días de la Creación; el séptimo día, el Creador reposó. En este contexto, el hexagrama se ha convertido en el símbolo del macrocosmos (seis ángulos de 60 grados forman 360 grados) y de la unión del hombre con su Creador.

Como señala el Antiguo Testamento (Deuteronomio, 6:4-8), el hexagrama, que los judíos asociaban con la mezuzá, adornaba a menudo la entrada de las casas judías, pero también era utilizado con frecuencia como amuleto por los pueblos cristianos e islamistas, por lo que no se trata de un símbolo exclusivamente judío.

El Corán (XXXVIII, 32 y sigs.) y *Las mil y una noches* lo presentan como un talismán indestructible que permite disfrutar de la bendición de Dios y ofrece una protección total contra los espíritus de la naturaleza, los djinns. También aparece con frecuencia en las vidrieras y frontones de las iglesias cristianas, como una referencia simbólica al alma universal que, en este caso, está representada por Cristo, o a veces, por el binomio Cristo (triángulo superior) –María (triángulo inferior). El resultado de la unión de ambos es el Padre Eterno Todopoderoso. El hexagrama también suele aparecer con forma de estrella de seis puntas y de roseta de seis pétalos. Aunque está presente en la sinagoga de Cafarnaún (siglo III a. C.), el hexagrama no aparece en la literatura rabínica hasta el año 1148, precisamente en el libro *Eshkol ha-Kofer* del sabio caraíta* Judah ben Elijah. El capítulo 242 le da un carácter místico y protector, y suele estar grabado en los amuletos: "Siete nombres de ángeles preceden la mezuzá... Lo eterno te protegerá y este símbolo llamado 'El Escudo de David' está emplazado al lado del nombre de cada ángel". En el transcurso del siglo XIII, el hexagrama se convirtió también en el atributo de uno de los siete nombres mágicos de Metatrón, el ángel de la presencia asociado al arcángel san Miguel, el jefe de las milicias celestes y el más cercano al Dios Padre. Sin embargo, la identificación del judaísmo con la Estrella de David comenzó en la Edad Media. En 1354, el rey Carlos IV (Karel IV) concedió a la comunidad judía de Praga el privilegio de tener su propia bandera. Los judíos confeccionaron entonces un hexagrama en oro sobre fondo rojo al que llamaron la bandera del rey David, y que se convirtió en el símbolo oficial de las sinagogas de la comunidad judía en general. En el siglo XIX, este símbolo se difundió por todas partes. La mística judía sostenía que el origen del hexagrama estaba directamente relacionado con las flores con forma de lirio de seis pétalos que adornan la menorah**. Para quienes creían en este origen, el hexagrama había sido creado por las manos del Dios de Israel, ya que el lirio de seis pétalos, cuya forma recuerda a la Estrella de David, es identificado con el pueblo de Israel en el Cantar de los cantares. Aparte de su función protectora, el hexagrama poseería también un poder mágico: esta fama le viene de la célebre Clavícula de Salomón, un grimorio atribuido al rey Salomón pero cuyo origen se remonta, aparentemente, a la Edad Media. Este libro de fórmulas mágicas de autor anónimo proviene probablemente de una de las numerosas escuelas judaicas de estudios cabalísticos que existían entonces en Europa, ya que el texto está claramente inspirado de las enseñanzas del Talmud y de la Cábala judía. Esta obra contiene una selección de 36 pentáculos (símbolos cargados de significado mágico o esotérico) destinados a crear una comunicación entre el mundo físico y los planos del alma. Existen varias versiones de este texto, en varios idiomas, y el contenido varía de una a otra, pero la mayoría de los textos originales que aún existen datan de los siglos XVI y XVII, aunque existe también una traducción griega del siglo XV. En el Tíbet y en la India, las religiones budistas e hinduistas utilizan también este símbolo universal del hexagrama, que consideran como el símbolo del Creador y de la Creación, y que los brahmanes consideran el emblema del dios Vishnu. Al principio, los colores de los dos triángulos entrelazados eran el verde (triángulo superior) y el rojo (triángulo inferior), pero luego fueron sustituidos por el blanco que representa la materia y el negro, el espíritu.

Para los hinduistas, el triángulo superior del hexagrama simboliza a Shiva, Vishnu y Brahma (Espíritu Santo, el Hijo y el Padre). Cabe destacar que el Hijo (o Vishnu) ocupa siempre la posición central: es el intercesor entre lo divino y lo terrestre.

---

* Qaraim o bené mikrá: "Seguidores de las Escrituras". El caraísmo es una ramificación del judaísmo que defiende la autoridad única de las escrituras hebraicas como fuente de revelación divina.

** Menorah: candelabro dorado de siete brazos que representan a los siete espíritus ante el trono: Miguel, Gabriel, Rafael, Samael, Zadkiel, Anael y Cassiel.

Los libros plúmbeos: ¿El "quinto evangelio"?

Considerados heréticos, apócrifos e inventados por los moros granadinos de finales de la Edad Media y principios del Renacimiento, los libros plúmbeos del Sacromonte, escritos en árabe y en latín sobre láminas de plomo, nunca estuvieron bien definidos en el contexto al que estaban destinados.

En el siglo XVI, se erguía aún en el centro de la ciudad (donde ahora se ubica la abadía del Sacromonte, o "sacro monte" de Granada) la "vieja torre", el antiguo minarete de la mayor mezquita nazarí. Al demolerla, descubrieron una cripta donde Francisco Hernández y Sebastián López, de Granada, encontraron una caja de plomo que se llevaron consigo. El hallazgo se dio el 18 de marzo de 1588, día dedicado a san Gabriel, el arcángel que dictó el Corán al profeta Mahoma. Al día siguiente, día dedicado a san José, esposo de la Virgen María a quien se atribuye el contenido de los libros de plomo dictados a los mulás musulmanes (a menudo nombrada en estos textos por sus frecuentes apariciones) se descubrieron varios objetos en la caja: una tablilla con la imagen de Nuestra Señora con un traje "egipcio" (gitano), indumentaria prohibida entonces a las moras granadinas, un paño de la Virgen María y un pergamino escrito en árabe, en castellano y en un latín muy castellanizado, que ofrecía las primeras noticias sobre el santo mártir Cecilio, hoy patrón de Granada.

El obispo de Granada, don Pedro de Castro, quedó maravillado con el descubrimiento y mandó que continuaran con las excavaciones en busca de nuevos hallazgos. Descubrieron entonces unas láminas de plomo circulares con escrituras en latín y en árabe que hablaban de santos martirizados en la época del emperador Nerón. Una de ellas rezaba el siguiente título: "Cuerpo quemado de san Mestión mártir.

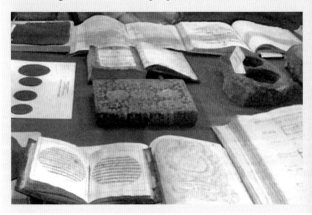

Fue martirizado en tiempo del imperio de Nerón". Encontraron también un cuaderno con hojas circulares de plomo titulado De Fundamentum Ecclesiae, que hablaba de otros santos como san Hiscio, discípulo del apóstol Santiago, y que describía los martirios que habían sufrido los santos. De toda la información y requilias obtenidas hasta 1599 un nombre empezó a destacar de entre los demás: san Cecilio, uno de los míticos Siete Varones Apostólicos que, según estos textos, se habían convertido al Islam tras la invasión musulmana de la Península Ibérica. Aunque esto es históricamente imposible (san Cecilio vivió en el siglo III y la invasión ocurrió en el siglo VIII), simbólicamente no lo es tanto: en la teología musulmana figuran los "Siete Sabios de la Caverna", que pueden asimilarse a los Siete Varones Apostólicos. Pero lo que más sorprendió fueron las escrituras que hablaban de un nuevo evangelio, el quinto, revelado por la propia Virgen María para que fuese divulgado en toda la Península Ibérica.

El «quinto evangelio» ya estaba anunciado seguramente en el camino de la peregrinación a Santiago de Compostela: los libros de plomo hacen a menudo referencia al apóstol Santiago y a la Virgen María, quien le habría ordenado venir a la Península Ibérica guiado por el arcángel Gabriel a fin de esconder (en el sentido de "sabiduría oculta") estos libros plúmbeos en varios lugares de Granada. Históricamente, este apóstol goza de tal respeto e, incluso, veneración especial por parte del Islam que el terrible Almanzor preservó la catedral cuando atacó Santiago de Compostela en el siglo X porque en ella descansaban los restos mortales del patrón de la Península Ibérica. Además de los cristianos, también se veía a menudo judíos y árabes en las rutas a Compostela. Vía confesional y de expiación de los pecados, el camino de Santiago también era un camino de realización espiritual,

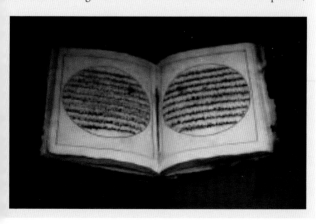

donde la alquimia, la cábala y otros saberes herméticos formaban parte del menú cultural y espiritual de muchos peregrinos cristianos iniciados en las fuentes de las mezquitas y de las sinagogas.

En las 22 láminas circulares de plomo, de unos 10 cm cada una, que conforman los libros plúmbeos del Sacromonte, se ven en efecto grabados con significado hermético y caracteres alquímicos en lengua árabe que algunos investigadores agnósticos, desconocedores del mundo esotérico árabe-judío, han denominado escritura salomónica. Estos 22 libros plúmbeos son en realidad el último intento de conciliar el cristianismo con el Islam, sobre todo después de la reconquista de Granada en 1492 por los Reyes Católicos: éstos habían prometido respetar y mantener los derechos y privilegios de la población árabe, una promesa que el cardenal Cisneros ignoró, obligando a los moros a convertirse y prohibiendo sus usos y costumbres. Esto provocó que se sublevaran en 1500-1501, y de nuevo en 1568 con la Rebelión de las Alpujarras, duramente reprimida. Mientras la Iglesia Católica quería cristianizar a la comunidad morisca por la represión armada, la mezquita de Granada buscaba islamizar el catolicismo por la vía cultural de los libros plúmbeos. Así, se observa en estos textos la shahada o "profesión de fe cristiana" como una preparación a la shahada musulmana, presentando esta última como superior pero de una manera en que los cristianos pudiesen aceptarla: Jesús aparece como el Sello de la Santidad y Mahoma como el Sello de la Profecía. La espiritualidad que aparece en los libros plúmbeos es pues la adoración de un Dios Altísimo, a la manera musulmana, apenas distraída por el culto del Cristo de los cristianos, como puede verse en uno de estos libros destinado al uso común de los adeptos de ambas religiones: el Kitab al hikam ad Din, o "Libro de las Sentencias acerca de la Ley", es un maravilloso devocionario islámico y también cristiano, un conjunto de fórmulas que recuerdan constantemente lo esencial de la fe en Dios. Puede ser leído por ambas religiones, y es

precisamente lo que sus autores pretendían.

La veneración a Jesús, hijo de María –denominación islámica– se manifiesta varias veces en los libros plúmbeos siguiendo la ortodoxia musulmana, sin afirmar nunca que es Dios, salvo en algunas alusiones trinitarias que podrían hacer que esta interpretación fuese posible. Sin embargo, la figura más relevante de estos textos apócrifos (término que no significa "falso" sino "secreto" según su etimología griega), es María, la Virgen venerada también por el Islam, de la que el Corán conserva el "Ave María" del arcángel Gabriel. Ella es el personaje principal del libro más bonito de los libros plúmbeos, el Kitab minha as cilha Maryam al Adra o "Libro del Coloquio de Santa María Virgen", una versión del "Libro de la Escala de Mahoma", una de las fuentes de inspiración de la "Divina Comedia" de Dante. Tiene el mérito de ofrecer a la imaginación cristiana una visión análoga del Paraíso y del Infierno, casi ausentes en la Biblia. Para los moros de Granada, esta visión del Paraíso era como una transfiguración de la Vega de Granada, pues la hermosísima ciudad de las cuatro puertas, con sus vergeles y el Sacro Monte, era el prototipo perfecto del Edén. Los libros plúmbeos del Sacromonte fueron trasladados a Madrid en 1631, y, años después, llevados a Roma para su estudio hasta que, en 1682, el papa Inocencio XI declaró que eran falsos y heréticos, mientras que las reliquias que los acompañaban eran declaradas auténticas. Afortunadamente, el Vaticano no destruyó estas obras únicas que volvieron a Granada en junio del 2000 por indicación del cardenal Ratzinger. Hoy, se pueden admirar algunos ejemplares de los 22 libros plúmbeos en el Museo de la Abadía del Sacromonte.

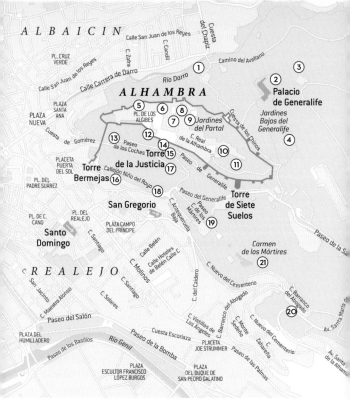

Alhambra

0   200   400 m

N

↗ Canal de los Franceses Dudar

㉒

Parque periurbano Dehesa del Generalife

Cementerio
de San José

TÚNEL DEL REY CHICO

Cascada bajo la Alhambra

Vereda que baja al río Darro delante del edificio del Rey Chico (Centro de Artes Escénicas)
Túnel siempre abierto en la misma orilla del río

El túnel del Rey Chico se adentra hacia el centro de la colina de la Alhambra, partiendo de la ribera del río Darro. Es una galería subterránea de tres metros y medio de alto con un continuo flujo de agua que baña el suelo empedrado que proviene del arroyo que, unos metros más arriba, baja a cielo abierto paralelo a la Cuesta de los Chinos.

Curioso y secreto como pocos, pasa desapercibido para la gran mayoría de paseantes, pues está tapado por la maleza de zarzas y enredaderas y por la abundante vegetación de ribera. Lo único que delata su presencia es el agua que sale, a la altura de los pies, hasta el río Darro, produciendo una pequeña cascada lateral que vierte al río y que avisa de que estamos ante la entrada de este túnel bajo el edificio del Rey Chico.

Se oye romper una cascada mayor y rugiente al fondo del pasaje. No es otra cosa que el final de la tubería subterránea que encauza el agua del arroyo donde el cauce se hace subterráneo –a la altura de la Torre de las Damas– hasta este túnel oscuro de unos 100 metros de profundidad. El charco que produce la caída del agua desde el sifón es de considerables dimensiones. La existencia de multitud de estos túneles que parten o llegan a la Alhambra desde cualquier rincón de la ciudad es una de las muchas leyendas que envuelven el palacio de la colina roja. Su existencia es indudable, ya que excavar túneles para aprovisionarse en caso de

asedio era una más de las estrategias habitualmente utilizadas para defender cualquier fortaleza. También hay pasadizos que permiten salir al exterior sin ser vistos por miradas indiscretas, un sigilo obligado en las costumbres del poder de todas las épocas y latitudes.

Mucho se ha oído hablar de los túneles de la Alhambra, aunque pocos los han recorrido, siendo este uno de los de más fácil acceso, mientras que los demás, especialmente los que parten de la Torre de las Damas o de la Torre de Comares, están cerrados a cal y canto por las autoridades de la Alhambra.

LA ESCALERA DEL AGUA ②

El rincón favorito de Federico García Lorca

Jardines del Generalife

L lamada así por los canales de agua que recorren los pasamanos, la escalera del agua ejemplifica a la perfección la intencionalidad estética del conjunto arquitectónico que es la Alhambra, es decir, hacer de la necesidad virtud.

Entre los siglos XIII y XIV se construyó la escalinata, ahora casi oculta por la vegetación que la rodea y que en tiempos fue el camino de acceso a un pequeño oratorio situado en la parte más alta del recinto.

Este era el rincón favorito de Federico García Lorca y de Manuel de Falla, que no pasaron por alto el acelerado correr del torrente en su repiquetear acuoso. Su sencillez transforma este escondite perdido del jardín en un canto celestial que suena a arroyo, que huele al aroma vertido por el hermoso laurel que viste el recorrido. El agua corre por los pasamanos con un vivaz divertimento que se consigue con sólo colocar tejas invertidas sobre los muros laterales, canalizando así el agua desde la Acequia Real. En los tres remansos que forma el agua en su recorrido ésta atenúa su fuerza para retomar de nuevo su jolgorio, y descansar, al fin, en unas pequeñas pozas circulares.

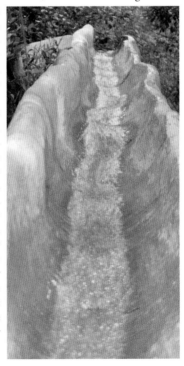

Otra canalización, esta vez subterránea, permite que en el centro de cada círculo surja una pequeña fuente, cuyo sonido sirve de contrapunto sereno a toda esta sinfonía que invita al alma a orar. Esta construcción ha dado sosiego a aquellos que, como Lorca y Falla, han sabido apreciar las bondades del ascenso por esta escalera umbría y fresca y las de un ingenioso sistema de abluciones previas a la oración, inicialmente musulmana, luego cristiana y hoy, simplemente humana.

LA ACEQUIA REAL

Un canal para dar vida a la Alhambra

Cerro del Sol
Acceso por la carretera del Parque de Invierno (Llano del perdiz)

Entre las cosas más impactantes de la Alhambra destaca la ingeniería que idearon los árabes para abastecer de agua los jardines, huertas, baños, mezquitas, casas, aljibes, pilares o fuentes, y el propio consumo de los habitantes del recinto palaciego.

El inteligente sistema hidráulico que sigue maravillando a ingenieros y arquitectos del mundo entero parte de un cauce de agua inicial que se llamó Acequia del Sultán y que hoy es conocido como Acequia Real.

Este gran canal matriz, de unos once kilómetros de largo, toma el agua directamente del río Darro, seis kilómetros más arriba del cauce urbano.

En una derivación artificial del cauce del río, en las cercanías del cortijo Jesús del Valle, nace este flujo permanente de agua que, en un recorrido en ladera por las tierras de la dehesa del Generalife-Cerro del Sol, llega hasta el recinto fortificado. Nutre de agua otras acequias menores –como la Acequia del Generalife y la Acequia del Tercio, que antaño abastecían los palacios ya desaparecidos de Dar Al Arusa y Alixares, además del Castillo de Santa Elena– y norias a diversos niveles que repartían el agua a la Alhambra.

Fue el rey Al-Ahmar ibn Nasr, fundador de la dinastía nazarí y sultán de Granada entre 1232 y 1273, quien inició los trabajos para abrir este 'río' para la Alhambra que aún continúa manteniendo en pie la belleza viva del monumento.

LOS ALBERCONES

El agua, el bien más preciado

Paseo de las Adelfas
958 027 900 – 958 027 971
informacion.alhambra.pag@juntadeanadalucia.es; alhambra-patronato.es
Visita dentro del programa anual "Visitas guiadas por especialistas. La
Alhambra de Granada"

Los Albercones forman un conjunto hidráulico situado en la parte alta de la Alhambra, por encima del Generalife, que integra la Torre de las Damas y diversas albercas y conductos. Estos depósitos de agua procedentes de la Acequia Real, encauzada por una derivación subterránea bajo la Torre de las Damas, eran vitales para el abastecimiento y control del agua de todo el perímetro de la Alhambra.

A pesar de que todo el recinto que hoy visitan millones de personas se sustenta en la sabia y discreta distribución del agua, es poco conocida la red que permite este flujo constante de vida. Aunque retirado del circuito turístico habitual, la zona de los Albercones, situada más arriba del Paseo de las Adelfas, está bien visible para el que sabe su localización.

El conjunto de depósitos se estructura en tres niveles con una alberca en cada uno de ellos que posteriormente fue ampliado en los siglos XIX y XX con otros dos depósitos añadidos a los que llega una galería subterránea. Los canales finalizan en un pozo bajo una torreta, denominada Torre de las Damas, construido tanto para protegerlo como para albergar la noria que subía el agua desde la Acequia Real. Andenes de ladrillo rodean la alberca, así como una escalera para acceder a una terraza que debió disponer de un mirador o pabellón sobre el Albercón. Todo este ingenio hidráulico albergaba no sólo un canal que comunicaba los depósitos sino también un pasaje subterráneo que debió servir para su mantenimiento y limpieza.

Si los viajeros medievales quedaban maravillados por la Alhambra, no menos ocurría con las condiciones de vida que ofrecía, con 'lujos' impensables en la Europa de aquellos siglos (siglos XIII a XV). Hallaban un recinto urbano densamente poblado que llegó a alcanzar la cifra de 30 000 personas, donde, aparte de las fuentes y los jardines regados permanentemente, había no sólo una alberquilla con agua potable sino que existían incluso adelantos tan modernos como los retretes con agua corriente, algo impensable en la 'atrasada' cultura de los cristianos de aquellos tiempos.

Queda claro que aquel pueblo nómada que un día llegó a una península fértil y repleta de ríos –Granada tiene tres en su zona urbana, el Darro, el Beiro y el Genil– valoró y disfrutó hasta la saciedad ese bien tan escaso que en su tierra de origen era más preciado que el oro.

EL CAMINO DE RONDA
DE LA ALHAMBRA

Cómo defender la maravilla

Palacios nazaríes de la Alhambra
Real de la Alhambra, s/n
958 027 900 – 958 027 971
informacion.alhambra.pag@juntadeanadalucia.es
alhambra-patronato.es
Visita con la entrada general de la Alhambra durante un mes al año dentro del
programa 'Espacio del mes'. Consultar la web del patronato de la Alhambra
para confirmar el mes

El Camino de Ronda de la Alhambra es un pasaje paralelo a la muralla defensiva de la Alhambra que servía para conectar los diversos recintos del conjunto, además de foso de protección y camino

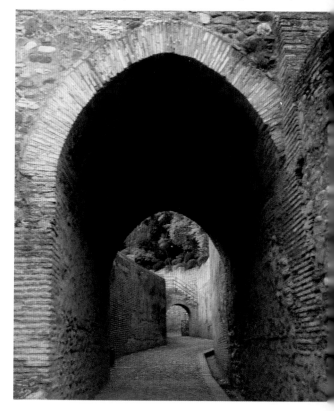

interno para que la guardia pudiera acceder rápidamente a las almenas para defender los palacios.

Construido entre los siglos XIII y XIV, oculto en la cara interna de la muralla que rodea la Alhambra, es uno de los mejores ejemplos para comprender el carácter defensivo del monumento. Aún en proceso de rehabilitación –no se reconoce bien su trazado en varios sectores–, sólo es visitable el tramo entre el patio de Lindaraja y la Torre de los Picos.

Su función era reforzar la defensa, junto a la Alcazaba, un castillo de recios muros que albergaba en su interior una pequeña ciudad donde residía la guardia del sultán de modo independiente del resto de la fortaleza. Las murallas de la Alhambra fueron concebidas para resistir largos ataques o sitios, sin embargo, nunca sufrieron asedio. El último rey de Granada prefirió entregar su ciudad a verla destruida, negociando previamente la rendición de su reino en la que las costumbres de su población autóctona serían respetadas; lo que se produjo durante medio siglo.

Grandes torres se añadieron más tarde para conformar la actual estructura y con el tiempo fueron bautizadas con bellos nombres como Torre de los Siete Suelos o de la Cautiva. Por debajo de las torres o junto a ellas, corre el Camino de Ronda paralelo a todo este recinto defensivo, que, si a algo ha sobrevivido, ha sido al paso del tiempo.

El enemigo en casa

La Alhambra se levantó en lo alto del monte de Al Sabika, que queda fuera de la ciudad, al otro lado del río, justo en frente de la antigua ciudad de Garnata, en las laderas del Albaicín (con su propia fortaleza o Alcazaba Cadima). Este 'alejamiento' entre ambas puede deberse a que los reyes de Granada, con los ejércitos cristianos aún lejos, temían las intrigas y revueltas urdidas por su propio pueblo. Legendarias fueron las luchas entre zegríes y abencerrajes o las pretensiones al trono de las diversas ramas de la estirpe de Alhamar.

EN LOS ALREDEDORES
La escalera secreta del Peinador de la Reina

Bosque de la Alhambra

La torre conocida como Peinador de la Reina, pues allí estuvieron los aposentos de la emperatriz Isabel, esposa de Carlos V, presenta en su parte inferior una sinuosa y empinada escalera que recorre parte del bosque de la Alhambra.

Esta escalera 'secreta', visible desde el mirador de los jardines del Partal, fue descubierta en 1831 y atraviesa la parte baja de la torre, muriendo en un rellano del bosque.

El agua en la Alhambra

Ambos lados de la entrada de las estancias del palacio

Las tacas son alacenas u hornacinas practicadas en el muro, situadas por parejas a ambos lados de los arcos o puertas de entrada a las habitaciones. Si llaman la atención del visitante del palacio por parecer inútiles, tienen una función muy clara: las oquedades eran usadas para

contener vasijas con agua, con la que el morador de la Alhambra se saciaba a la entrada o salida de cada estancia.

A su vez, el agua de las tacas servía para las abluciones de purificación (ver más abajo), rituales que preceden a la oración entre los musulmanes.

El agua era un lujo del que disponían en abundancia los descendientes de las tribus del desierto que residían en Granada, como muestra el gran número de fuentes, albercas y acequias que hermosean el recinto.

El agua en el rito de la ablución islámica

Para el musulmán el agua es parte fundamental en la ablución ritual. En este antiguo rito el creyente se lava las manos, instrumentos de acción, y se enjuaga la boca, simulando la bebida del estanque del paraíso. También se lava los antebrazos, que representan la fuerza con la que se construye el mundo; aspira y expulsa agua por la nariz, que recibe el aroma del jardín; se moja la frente, el poso de sabiduría; se limpia las orejas, que representan el sonido, y se lava las piernas, que le llevarán hacia el camino divino.

CRIPTA ABOVEDADA DE CARLOS V

La sala de los secretos

Palacio Carlos V (La Alhambra)
Real de la Alhambra, s/n
958 027 900 – 958 027 971
Informacion.alhambra.pag@juntadeanadalucia.es
alhambra-patronato.es
Visita con la entrada general de la Alhambra durante un mes al año dentro del programa 'Espacio del mes'. Consultar la web del patronato de la Alhambra para confirmar el mes

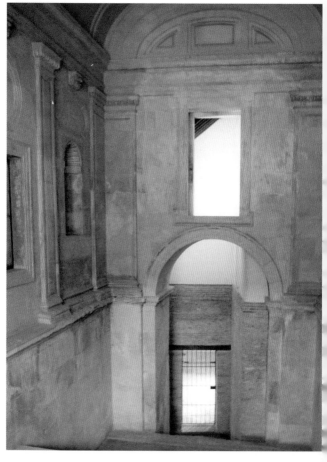

Uno de los sótanos del Palacio de Carlos V acoge la cripta o sala de los secretos que comunica con la Alhambra y con otras zonas del palacio.

El ingenioso arquitecto Pedro Machuca se permitió un divertimento al construir esta sala que, aunque recóndita, es una de las más apreciadas del palacio. El juego consiste en lanzarse 'secretos' de una esquina a otra de la bóveda cuya magnífica acústica permite oír con claridad las frases pronunciadas como en un susurro desde el otro extremo de la sala.

Un juego que sólo algunos conocen y que a veces coge desprevenido al visitante, ya que al pasar por la esquina comienza a escuchar voces que llegan de un lugar no identificado y sin que nadie de alrededor esté hablando ni tan siquiera en voz baja. La reacción de sorpresa se suele tornar en sonrisa cuando se comprueba que del otro extremo de la sala octogonal alguien está agachado y hablándole a la pared, a un rincón de piedra, que actúa como una suerte de interfono o teléfono medieval.

Pasajes bajo el Palacio de Carlos V

El emperador Carlos V se aseguró de que su palacio estuviera bien comunicado con los vecinos Palacios Nazaríes, mediante la construcción de pasajes internos en las zonas soterradas. La habilitación de estas uniones arquitectónicas supuso incluso el derribo de determinadas partes de los Palacios Nazaríes, pero demuestra el interés que el emperador sentía por los palacios, a los que estaba íntimamente unido. Residió durante diversas temporadas en algunas salas de la Alhambra.

Así, se pueden observar en el ala izquierda del palacio algunas escaleras que conducen ora hacia una puerta, ora hacia una reja. El corredor que comunica con la sala de los secretos posee algunos vanos y huecos en el grueso muro del palacio, con celosías que permiten entrever el patio de la Alberca o incluso la sala del Mexuar, uniendo dos arquitecturas y dos concepciones del mundo tan distintas y al tiempo tan unidas y cercanas en el territorio de la Alhambra.

SIMBOLISMO OCULTO DE LA FUENTE DE LOS LEONES

12 leones, como las 12 tribus de Israel...

Palacio de la Alhambra

El Palacio de los Leones, construido dentro de la Alhambra en 1377 por Mohammed V, hijo de Yusuf I, alberga en su patio la Fuente de los Leones, que, en el sentido cosmogónico, representa los Tronos (o Leones de Fuego), la jerarquía espiritual más elevada de las 12 existentes.

Un total de 12 son los leones de esta fuente (del siglo XI) y representan en el sentido antropogónico (estudio de la aparición de la especie humana) a las 12 tribus de Israel antes de dividirse en hebreos y árabes, descendientes de hijos separados y enfrentados: Isaac para los hebreos e Ismael para los árabes. Tenían como único padre a Abraham, punto de unión entre las teologías hebraica e islámica, pero también entre el esoterismo de estas dos religiones, el sufismo y la cábala, que otorgan a las mismas 12 tribus semitas el significado esotérico de cada una. Representan los 12 signos del zodiaco, cuyo Sol central tiene como símbolo el león, mostrando la iluminación y la irradiación de la vida humana y espiritual. Representa asimismo, en la creencia semita, el reino soberano de este pueblo elegido de Dios, o Jehová, quien lo transmitió a Abraham el patriarca.

Dos de los leones tienen un triángulo en la frente indicando las dos tribus elegidas: Judá y Leví.

Algunos autores indican que esta fuente habría sido una especie de reloj de agua que marcaba las horas de las abluciones. Gracias al poeta Ibn Gabirol (siglo XI) se conserva una descripción casi exacta de la fuente. Según los últimos estudios, los leones proceden de la casa del visir judío, Yusuf Ibn Nagrela (1066), que había sido acusado de querer construir un palacio más grande que el del califa.

La leyenda del talismán del Patio de los Leones

Las maravillosas leyendas de la Alhambra, legado eterno de los moros que habitaron encantados este lugar, relatan prodigios de otro mundo que dejan boquiabiertos a quienes las escuchan. La leyenda del Patio de los Leones cuenta que aquí vivió una princesa árabe llamada Zaira, bella, inteligente y sensible, justo lo opuesto a su padre que era frío, cruel, malvado y tacaño. La princesa adoraba Granada y le gustaba vivir en la Alhambra, mientras que su padre odiaba la ciudad y el palacio. Él se sentía más africano y ella, más andaluza. Como le estaba prohibido salir del palacio y ver a gente, Zaira, que sólo contaba con la compañía de un talismán que llevaba al cuello, pasaba la mayor parte de su tiempo en este luminoso patio. Un día, fue sorprendida por un apuesto joven que saltó el muro del palacio y le dijo haberse enamorado de ella desde que la había visto desde fuera. Asustada, instó al joven, llamado Arturo, a que se fuera, porque su padre o uno de sus once hombres de confianza podrían llegar en cualquier momento y no dudarían en cortarle la cabeza. El muchacho se fue pero le prometió que volvería. Un día, Arturo regresó, pero el rey le vio y le encerró en las mazmorras. La princesa, abatida porque su amado podía morir, acudió a las habitaciones de su padre para pedir clemencia. No le encontró pero vio el diario de su padre sobre la mesa.

Leyó que el talismán que poseía estaba en realidad encantado por su madre que le había echado un maleficio, poco antes de que su esposo la mandase asesinar. Esta maldición debía recaer sobre el rey y sus once hombres de confianza. Zaira llamó al rey y a sus once guerreros al patio donde solía estar y le preguntó llorando a su padre si todo aquello era cierto. El rey, convencido de que con la presencia de sus once hombres Zaira no se atrevería a tocarle, respondió que era verdad. Zaira recordó entonces que su desafortunada madre le había dicho que, el día que supiera la verdad, le ocurriría algo terrible a su padre y a sus fieles servidores. Sintió que el talismán cobraba vida y una fuerza inusitada y, con la rabia de un león, transformó al rey y a sus once hombres en leones de piedra. Desde entonces, este patio se llama el Patio de los Leones y su fuente está rodeada por doce leones, que son el rey y sus hombres. Zaira liberó a Arturo y vivieron felices para siempre.

Simbolismo cabalístico de la Alhambra

Es la estirpe árabe zirí y nazarí (cuyos ancestros eran descendientes directos de los Ansares de Medina, compañeros del profeta Mahoma) la que se instaló en la Alhambra creando un centro de cultura y ciencia que dominaba el sur de la Península Ibérica. Una grandísima parte del saber hermético, alquímico y cabalístico de los sabios islámicos ha circulado por aquí y está expuesta en los contornos y decoraciones de la Alhambra desvelando una profusión artística basada en la arquitectura sagrada islámica.

La parte más antigua del complejo palaciego de la Alhambra es la alcazaba que constituía el centro de defensa y de vigilancia del recinto. Aquí vivían los marabutos, monjes guerreros, entre los cuales algunos, que tenían un profundo conocimiento de la Fe, habían alcanzado la santidad. Esta caballería religiosa del Islam se dedicaba a las artes esotéricas y se reunía en lugares secretos de la alcazaba, que albergaba multitud de espacios y pasajes laberínticos. Estos subterráneos son tan enormes que uno puede perderse, como le pasó a un visitante alemán, F. Helzer, que se perdió en ellos el 7 de noviembre de 1878, y anduvo perdido ocho días hasta que los guardas oyeron sus gritos y pudieron salvarle de una muerte segura. Según la versión popular, estos subterráneos fueron construidos de noche, a la luz de las antorchas.

La herencia del conocimiento hermético (y el consiguiente poder espiritual) se transmitía regularmente de maestros a discípulos quienes, a su vez, se convertían en maestros de nuevos discípulos. Esta transmisión iniciática se llamaba *baraka* (o *baraca*), un concepto sufí que resalta dentro del Islam la importancia del conocimiento espiritual que lleva a la unión con Dios. El Palacio de la Torre de Comares, que forma parte de la Alhambra, alberga la Sala de la Barca, término alterado de *Baraca*.

La antigua Sala del Trono de la Alhambra también está llena, de un modo muy discreto, de simbología cabalística. Ocurre lo mismo con el pórtico de los arcos y con una parte del Salón de los Embajadores, donde el califa nazarí recibía a las delegaciones de otros reinos que quedaban impresionados por la belleza de estos salones donde ninguna pared estaba desnuda. Todas estaban cubiertas de azulejos de colores, de ricas yeserías con el escudo nazarí y de inscripciones en epigrafía árabe con la palabra "bendición" y el lema del reino nazarí: *Sólo Dios es Vencedor*. En el techo, de madera y con una estrella cenital (Venus) que representa el ojo de Alá y en cuyo alrededor gravitan numerosas constelaciones, se reproduce la cúpula celeste con la simbología cósmica de los Siete Cielos de los que habla el Corán (Suras, 2.29 y 23.86). Más que por motivos decorativos, al igual que el hermetismo en boga en la Europa renacentista (ver las guías del mismo editor *Florencia insólita y secreta*, *Roma insólita y secreta* y *Venecia insólita y secreta*), el objetivo era atraer a la Tierra, bajo el techo pintado, la energía celeste representada en él.

Justo sobre el trono real, en alineación con éste, está inscrita la *Sura del Alba*, para preservar al rey de la envidia, y bajo la cúpula celeste que cubre el salón, se extiende la *Sura del Dominio*, que habla de Alá como Creador e invita al creyente a contemplar la Creación y a meditar en ella.

Esta simbología cósmica se repite en el Patio de la Alberca o en el Patio de los Arrayanes cuyas siete puertas corresponden a la Siete Puertas del Islam: *Firdaus* (el más elevado), ´Adn, Na´iim, Na´wa, Darussalaam, Daarul y *Al-Muqqamul*. Hay incluso un "octavo cielo" (*Khuldi*), la región más baja que refleja las demás, representada por una enorme alberca que llena todo el espacio vacío del patio. El concepto islámico de los Siete Cielos se inspira directamente de la teología cabalística judía que los llama *Araboth* (el más elevado), *Machon* (I Reis, 7:30; *Deuteronómio*, 28:12), *Ma´on* (*Deuteronómio*, 26:15; *Salmos*, 42:9), *Zebul* (*Isaías*, 63:15; *I Reis*, 8:13), *Shehaqim* (*Salmos*, 78:23), *Raki´a* (*Génesis*, 1:17) y *Vilon* (*Isaías*, 40:22). Hay también una "octava región" denominada *Sheol* (*Génesis*, 37:35).

De este modo, tras recibir la energía celeste en la Sala del Trono, el visitante veía simbólicamente abrirse el pasaje a los siete cielos y el paraíso.

El significado cósmico del Universo divino, porque está ordenado y guiado por el Ser Supremo, Alá o Dios, aparece de nuevo en las bellas bóvedas mozárabes de la Sala de las Dos Hermanas y la de los Abencerrajes, siempre con la omnipresente leyenda árabe: ¡Sólo Dios es Vencedor! Una frase que contiene el significado del Salmo 115 de la Biblia: *¡No a nosotros, Señor, no a nosotros, sino a tu nombre da gloria!*

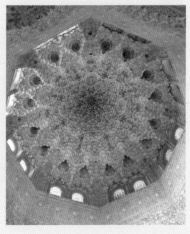

LA RAWDA REAL

El misterio de las tumbas vacías

Jardines del Partal

Aún existe el cementerio real de la Alhambra, conocido como la Rawda Real. Las obras de construcción del Palacio de Carlos V en 1574 destrozaron el cementerio, del que apenas quedan cuatro pilares de un templete y unas cuantas tumbas vacías. Los nichos estaban cubiertos y protegidos por varias losas de basalto caligrafiado de la Malahá, hoy en el museo de la Alhambra.

Nada se sabe de los cuerpos de las 65 tumbas que allí se encontraron, puesto que la Rawda (cementerio en árabe) Real de la Alhambra apareció vacía cuando fue abierta en 1926, como si de una tumba faraónica se tratara. El conservador de la Alhambra, Leopoldo Torres Balbás descubrió tres cuerpos, todos ellos envueltos en sudarios y sin mayor aditamento a su desnudez que unas inscripciones en árabe que reseñaban el alto linaje de los allí enterrados. Trató de encontrar los restos de la dinastía nazarí que, según se supo con el tiempo, fueron trasladados por Boabdil hasta la cercana localidad de Mondújar, concretamente a su mezquita, hoy iglesia cristiana (ver más abajo).

Lo único que se aprecia son unas sepulturas de forma trapezoidal, construidas en ladrillo y revestidas de yeso, con la parte estrecha a los pies, donde los cadáveres descansaban acostados sobre el lado derecho, con la cara mirando al sureste en dirección a La Meca. Apenas quedan las ruinas, pero agigantadas por la leyenda de aquellos cuerpos de unos reyes que viajaron incluso después de muertos.

El último destierro nazarí

Existen documentos que acreditan que Boabdil, el último rey nazarí, fue autorizado por los Reyes Católicos a trasladar los restos de sus antepasados hasta la localidad de Mondújar, a unos 30 kilómetros de Granada. Boabdil regresó allí un año después para enterrar a su esposa Morayma. Otras fuentes aseguran que el propio Boabdil exhumó de nuevo los cuerpos y los trasladó durante su segundo y definitivo destierro hasta Fez (Marruecos) o Tlemecén (Argelia), donde supuestamente habrían sido finalmente enterrados.

Las tumbas reales definitivas nunca fueron encontradas, aunque en los años noventa unos restos mortales hallados mientras se removían unos terrenos para construir una autovía hicieran creer que se había dado con ellos.

LA PRIMERA TUMBA DE ISABEL LA CATÓLICA

Una reina con dos enterramientos

Parador de San Francisco – Real de la Alhambra, s/n
958 221 440
granada@parador.es
parador.es/es/paradores/parador-de-granada
Todos los días de 11 a 22 h
Acceso libre a visitar la tumba de Isabel la Católica
Patio interior

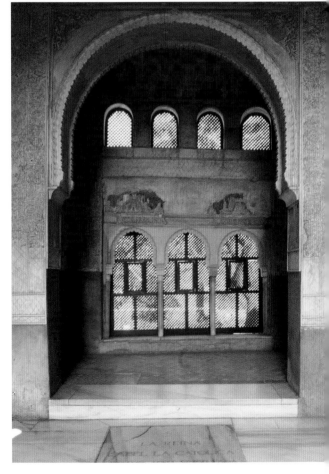

El antiguo convento que los franciscanos poseyeron en el interior de la Alhambra, actualmente ocupado por el Parador Nacional de San Francisco, albergó hasta 1521 la primera tumba de la reina Isabel la Católica. Fue un enterramiento provisional, a la espera de que se concluyera la cripta que alojaría definitivamente sus restos mortales y los de su marido –y que ellos mismos habían previsto en la Capilla Real–. Se cumplía así su deseo expreso de yacer ya por siempre en Granada, esa ciudad "a la que quiero más que a mi vida", tal y como dejó escrito.

En el traslado, dejaron la lápida que atestigua el tránsito de una reina devota incluso hasta en sus horas postreras (ver más abajo). En el suelo del bello patio andalusí que se conserva del edificio, que fue palacio nazarí antes que convento, se puede leer la inscripción "la reina Isabel la Católica estuvo aquí sepultada".

El Convento de San Francisco, erigido por la misma reina en 1492, mantuvo inalterada buena parte de su primitiva construcción árabe, al borde de la desaparición al dejar de pertenecer a los monjes franciscanos. Dos granadinos ilustres, el conde de las Infantas y Antonio Gallego y Burín, consiguieron que sobreviviera al paso del tiempo y que fuera transformado en Parador Nacional. Conserva los mocárabes originales, el aljibe primitivo de este parador-museo, además de formidables jardines que ofrecen una insólita y privilegiada visión de la Alhambra que se extiende a sus pies.

La católica muerte de Isabel

Isabel de Castilla murió el 26 de noviembre de 1504 en su palacio de Medina del Campo después de reinar durante treinta años y contando en aquel momento con 53 años de edad. Vestida con un hábito franciscano y dentro de un humilde féretro de cuero, la católica reina hacía honor a su sobrenombre en aquel cortejo fúnebre que emprendió el camino hacia Granada nada más acabadas las exequias fúnebres, según ella misma dejó estipulado en una real cédula fechada el 12 de octubre de 1504. El viaje duró 21 días. El repique de las campanas de toda la ciudad recibió el féretro regio a su entrada por la Puerta de Elvira, donde el conde de Tendilla, el arzobispo Fray Hernando de Talavera y demás autoridades salieron a recibirlo rodeados de cirios y pendones orlados con crespones negros. El cortejo recorrió la ciudad hasta la altura de la Alhambra, donde, en el presbiterio del convento aguardaba la sepultura "baxa y llana" que quedó cubierta por una lápida con una sencilla inscripción alusiva a la reina cuyo cuerpo permaneció aquí enterrado hasta su traslado a la Capilla Real.

LOS SILOS DEL SECANO DEL GENERALIFE

Las mazmorras cristianas

Secano del Generalife
Acceso por la taquilla de la Alhambra
Entrada general de la Alhambra

Las mazmorras de la Alhambra guardan el recuerdo del sufrimiento de muchos cristianos que allí penaron años de cautiverio, hacinados en antiguos silos reutilizados por los árabes para este lúgubre fin.

En sus comienzos, estos agujeros de forma cilíndrica practicados en el subsuelo eran almacenes de grano, de especias o enseres. Usados

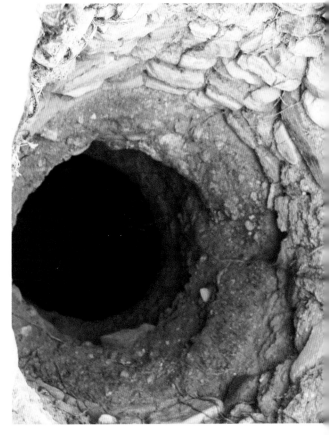

más tarde como prisiones, muchos de ellos están situados extramuros de la fortificación, pero hay otros de hasta siete metros de altura en la explanada del Secano del Generalife, aunque en general se desconoce el macabro uso que tuvieron en época musulmana.

En su interior se puede apreciar su forma de cuello de botella o de campana, con unos ocho metros de diámetro, dividido en pequeños espacios radiales que hacían las veces de camastros donde dormitaban los prisioneros con la cabeza apoyada sobre una piedra a modo de almohada. En el centro de la bóveda iluminada por la única oquedad que comunicaba con él, había un agujero para evacuar las heces. Durante el día los prisioneros eran sacados mediante cuerdas para servir como esclavos en las diferentes obras del recinto. De noche volvían a su presidio, de donde no salían si no era en virtud de un rescate, cuya cuantía dependía del rango social del preso. Era este un negocio que aportaba pingües beneficios a las arcas del reino nazarí.

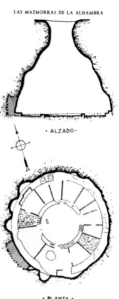

LAS MAZMORRAS DE LA ALHAMBRA

· ALZADO ·

· PLANTA ·

Estas prisiones retuvieron hasta 100 y 200 prisioneros, llegando la Alhambra a tener en total 7.000 prisioneros en sus momentos finales previos a la caída del reino en poder de las tropas cristianas.

La leyenda del tesoro escondido

Recogida por escritores como Washington Irving o Serafín Estébanez Calderón, una fábula cuenta que Boabdil, al abandonar la Alhambra y tras esconder sus riquezas en lo más recóndito de la torre de los Siete Suelos, empujó a un soldado al fondo de la misma como guardián eterno del tesoro. Tras esto, un mago realizó un encantamiento para mantener el tesoro invisible ante los cristianos, dejando de forma indirecta al desdichado soldado encerrado para siempre. Pero el rey, compadecido, suavizó esta eterna condena permitiendo que el soldado saliera una vez cada tres años. Durante ese tiempo, el soldado podía buscar a alguien que pagara su rescate, con la condición de que el deudor fuera acompañado de una princesa cristiana y de un sacerdote en ayuno que portase una cesta llena de manjares sin que intentase comer ninguno durante el camino.

LOSAS MORTUORIAS MUSULMANAS EN EL MURO DE LA ALHAMBRA

Una macabra forma de humillación del vencido

Corredor que une la puerta de la Justicia y la plaza de los Aljibes
Entrada libre

En el corredor que une la puerta de la Justicia y la plaza de los Aljibes, hacia el lado derecho, se puede ver, observando con atención, unos ladrillos situados a media altura con unas dimensiones y una filigrana que los diferencia ostensiblemente del resto.

Son más finos y alargados, esculpidos en piedra de la Malahá y adornados con epigrafías árabes. Destacan sobre todo por su color más claro respecto del habitual rojizo de los utilizados en la Alhambra.

Los ladrillos son maqabriyas, a saber, lápidas funerarias árabes que fueron reutilizadas en la construcción de paredes, muros o pasillos por

los dueños cristianos de la Alhambra a partir de la conquista.

Junto con los albañiles y alarifes (arquitectos) contratados para las labores de edificación, se empleaban también prisioneros árabes. Para endurecer la pena del trabajo forzado que debían realizar, se les infringía un daño moral aún más feroz: debían arrancar las lápidas de sus difuntos en la rawda (cementerio musulmán) y reutilizarlas como ladrillos del muro que se les encomendaba construir.

Esta forma de sacrilegio era una práctica habitual en las reconstrucciones de los edificios árabes granadinos recién conquistados, donde era común el empleo de personal nativo, ya que dominaba a la perfección el oficio de la albañilería.

Hubo otros ejemplos dentro del recinto de la Alhambra, como es la solería del patio de los Arrayanes, aunque el restaurador Rafael Contreras lo sustituyó por las actuales losetas de mármol.
En la ciudad, en la iglesia de San Cristóbal en el Albaicín y en el Monasterio de San Jerónimo, se dio un nuevo uso a las lápidas del cementerio de la Puerta Elvira, el más grande de la ciudad.

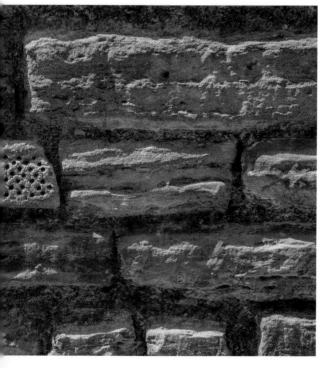

ESTATUA DE WASHINGTON IRVING

El americano que soñó la Alhambra

Bosques de la Alhambra

150 años después de su muerte, el viajero romántico de la Alhambra, Washington Irving, sigue paseando y respirando el perfume de aquel sueño, al menos simbólicamente, gracias a la escultura que los responsables del conjunto monumental instalaron en homenaje al gran divulgador de las excelencias de la Alhambra.

Sólo quienes acceden al palacio a pie pueden conocer esta estatua de bronce realizada por el artista Julio López, ya que se encuentra en la empinada cuesta que lleva hasta el monumento desde Plaza Nueva y desde la Puerta de las Granadas. Las herramientas de trabajo del que fue el primer escritor profesional de la historia están presentes en esta obra que sorprende al paseante en mitad del camino rodeado de robles centenarios. El 'hijo de la Alhambra', tal y como reza la inscripción que figura al pie de la estatua, legó a la humanidad multitud de narraciones en las que no faltaron bandoleros, gitanos, canciones, bailes, el orientalismo de la Mezquita de Córdoba, la belleza inesperada de Granada y la Alhambra, la Giralda, el Alcázar de Sevilla ni Moguer, Palos o La Rábida.

Washinton Irving

Hoy, Washington Irving (1783-1859) es sinónimo en el mundo entero de la Alhambra romántica. Y no es para menos, después de su estancia –relativamente breve pero mítica– en Granada, invitado por el cónsul de Rusia. Irving pasó gran parte de su vida en Europa y peregrinó hacia la raíz misma del alma árabe de España. En febrero de 1826, llegó a España animado por el cultivado embajador norteamericano en la corte española y admirador de Cristóbal Colón, Alexander Everett (1792-1847), para reescribir la hazaña transatlántica del descubridor. El 1 de marzo de 1828 emprendió su aventura de año y medio por Andalucía, hasta el 23 de agosto de 1929, con Sevilla como destino, ya que allí está el Archivo General de Indias.

"Una lengua aguda es el único instrumento de corte que se afila por el uso constante", dijo el diplomático y escritor estadounidense Washington Irving, un hombre poco común que dio a conocer al mundo entero los encantos del Sur de España. Escritor prolijo, viajero incansable, de su pluma han nacido grandes historias convertidas en leyenda, como la de Cuentos de la Alhambra: una serie de narraciones que atrajo hasta Granada a peregrinos y curiosos del mundo entero. En el año 1857 reeditó su novela, contando su viaje y estancia en La Alhambra, en las habitaciones del Emperador, donde escribió su obra.

LA LLAVE Y LA MANO
DE LA PUERTA DE LA JUSTICIA

*Cuando la mano tome la llave, Granada volverá
a ser musulmana*

Puerta de la Justicia
Entrada libre

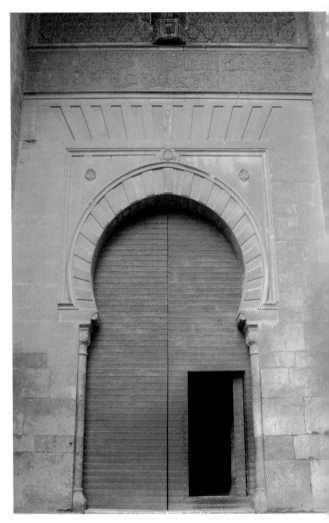

En el arco de entrada de la Puerta de la Justicia hay esculpidas una llave y, a la misma altura, una mano. La llave está ligada a la leyenda del mago y astrólogo árabe que, tras golpearla con el pomo de su báculo, desapareció en las entrañas de la tierra con una esclava, cantante y arpista, de la que estaba enamorado. La esclava simbolizaría la Alhambra cuya belleza era capaz de cautivar a cualquiera. El mago representaría la ciencia hermética mora, y la llave, el medio para acceder a ella, presente en el simbolismo de la Alhambra porque representa la Fe que animó el poder de conquista conferido por el profeta Mahoma para difundir el Islam. En cuanto a la mano, es con probabilidad la famosa "Mano de Fátima" (la quinta hija del Profeta) cuyos cinco dedos representan los cinco pilares fundamentales del Islam (Fe, Oración, Caridad, Ayuno, Peregrinación) así como los salats, las cinco oraciones diarias del creyente.

La leyenda de la Puerta de la Justicia

Según la leyenda, la construcción de la Puerta de la Justicia era tan sólida y tan perfecta que la Alhambra podría soportar el asalto de miles de ejércitos enemigos sin sucumbir jamás. Salvo si, un día, la llave del arco interior de la Puerta de la Justicia y la mano de su arco exterior se unían, porque ese día, el fin del mundo estaría cerca. La leyenda afirma que la magnificencia del Arco de la Justicia era tal que ningún soldado a caballo habría podido alcanzar, con su lanza, la mano esculpida en lo alto del arco. Estaban tan seguros de esto que aseveraban que quien lo consiguiera habría conquistado el trono de la Alhambra.

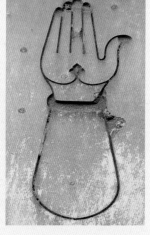

SIMBOLISMO DEL PILAR DE CARLOS V

Carlos V y el hermetismo

Junto a la Puerta de la Justicia
Bosque de la Alhambra

Ubicado cerca de la Puerta de la Justicia, el Pilar de Carlos V (conocido como Pilar de las Cornetas en el siglo XVII) está adosado a un muro construido en 1568 que formaba parte de uno de los cubos de defensa de la Alhambra. Por orden de Carlos V, y con la financiación del conde de Tendilla, el pilar fue diseñado por el arquitecto granadino Pedro Machuca hacia 1543 y construido por el artista milanés Niccolo da Corte. En 1624 Alonso de Mena, escultor granadino, lo restauró con motivo de la visita de Felipe IV a Granada. Contiene varias referencias a la alquimia, ciencia que el rey portugués Manuel I profesaba con gran interés, lo que dio pie a la creación del término 'hermetismo manuelino'. Manuel I, siendo el padre de Isabel de Portugal, esposa de Carlos V, seguramente ejerció

influencia sobre su yerno y compartió sus conocimientos esotéricos con la corte granadina.

El primer cuerpo del pilar está dividido en tres tableros, separados por pilastras decoradas con ramas de granado y escudos de la casa de Tendilla en los laterales. El Antiguo Testamento hace referencia trece veces al granado y siempre con el significado de Vida y Generación, en relación con su jugo y sus múltiples semillas. El rey Salomón la consideraba como la fruta del amor idealizado en la reina de Saba.

En el centro del conjunto hay tres grandes mascarones con cabezas coronadas con espigas, flores y frutas, representado así las tres estaciones que simbolizan los tres ríos de Granada: el verano para el Darro, la primavera para el Beiro y el otoño para el Genil. Pero los alquimistas relacionaban estas estaciones con las tres fases de la Gran Obra: la *obra al negro* (fase inicial) para el otoño y el Genil; la *obra al blanco* (fase intermedia) para la primavera y el Beiro; y la *obra al rojo* (fase final) para el verano y el Darro.

El segundo cuerpo alberga en su centro una cartela con la inscripción *Imperatori Caesari Karolo quinto Hispaniarum regi* (Emperador César, Carlos Quinto, Regente Español). De hecho, Carlos V también era llamado *César* (o *César Carlos*), aludiendo a

los antiguos césares y a su condición de emperador del Sacro Imperio Romano Germánico. La cartela está flanqueada por los escudos de Borgoña y Lorena con las Columnas de Hércules y dos ramas cruzadas, símbolos de la Orden del Toisón de Oro de la que el monarca era miembro. Las ramas cruzadas representan, en el simbolismo alquímico, el vapor de mercurio, a saber la fase en la que el oro empieza a surgir en forma de líquido en el fondo de la retorta, en fase de destilación, antes de tomar su forma definitiva de la última y definitiva conquista del mundo hermético, cuando el alquimista se convierte efectivamente en Emperador de la Naturaleza (Natura Imperator), iluminado hermético o adepto perfecto.

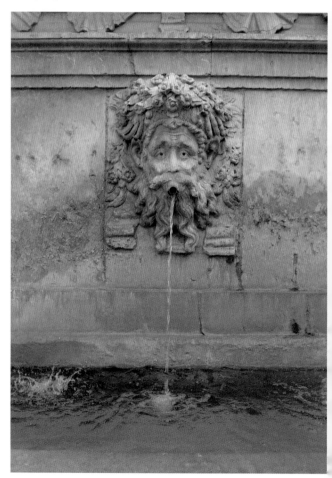

Las Columnas de Hércules también son una metáfora apreciada por algunos alquimistas y representa el pasaje final hacia el desenlace de la Gran Obra alquímica que lleva a la fabricación de la piedra filosofal, sinónimo de realización espiritual en la perfección de la naturaleza.

A ambos lados, un ángel sujeta un delfín que arroja agua y, debajo, otra pareja de ángeles que derraman agua por unas caracolas. En alquimia, el delfín es el símbolo tradicional de la piedra filosofal que sale de las aguas de la Vida, retomando el sentido del *vapor de mercurio*, y la caracola alude al sonido primordial (el "Verbo") que marcó el inicio de la Creación: "En el principio era el Verbo, y el Verbo era con Dios…", así empieza el Evangelio de san Juan.

Rematando el conjunto, el escudo imperial de Carlos V con el águila bicéfala de la Casa de los Habsburgo, adornado con cintas con el lema Plus ultra (aún más lejos), como referencia a su vasto dominio que se extendía por casi toda Europa. En este contexto, el lema invita probablemente a ir más allá de la comprensión común, una idea reforzada por la cabeza de querubín que corona el conjunto, ya que 'querubín', del hebreo kerub, significa "tesoro oculto".

El lienzo del muro sobre el que se apoya el pilar contiene cuatro medallones en relieve con Hércules matando a la Hidra de Lerna (alusión a la fidelidad cristiana del emperador, vencedor de los infieles);  los hermanos Frixo y Hele pasando el Helesponto (estrecho de Dardanelas) a lomos de un vellocino (referencia a la leyenda de la fundación de la Orden del Toisón de Oro cuyo carnero tenía alas y vellón de oro); Dafne perseguida por Apolo (indicando el imperio solar de Carlos V, Apolo representa el Sol y Dafne, siendo hija de Gea (o Gaia), la Tierra); y Alejandro Magno (emperador de casi todo el mundo antiguo occidental y asiático, que tiene similitudes con Carlos V, emperador del Renacimiento europeo).

Para más información sobre la Orden del Toisón de Oro y la alquimia, ver siguientes páginas.

La Orden del Toisón de Oro y la alquimia

Según el historiador de la tradición esotérica René Alleau, la Orden del Toisón de Oro "tenía como destino restablecer los lazos iniciáticos entre Occidente y Oriente, rotos por la destrucción de la Orden del Temple".

Varios nobles belgas y franceses, presentes en la fundación de la Orden, tenían relaciones muy estrechas con la antigua milicia templaria, abolida en 1312. El certificado de constitución de la Orden afirmaba también que estaba destinada a "honrar a los antiguos caballeros que por sus altos y nobles hechos son dignos de recomendación", lo que parece ser una referencia velada a los antiguos caballeros templarios.

El 10 de enero de 1429 y con motivo de la celebración de su boda con la infanta Isabel de Portugal, hija del rey Juan I, Felipe III el Bueno, duque de Borgoña, fundó la Orden de Caballería del Toisón de Oro "en reverencia a la Virgen María y al apóstol san Andrés". El acto solemne tuvo lugar en la Basílica de la Santa Sangre de Brujas, en Bélgica, y, según la novela del barón Reinffenberg, "un carnero vivo pintado de azul y con los cuernos revestidos de hilo de oro" paseó entre los invitados: era el emblema del "Cordero de Dios que quita el pecado del mundo", el propio Cristo.

La orden se reunió en asamblea 22 veces, antes de convertirse poco a poco en lo que es hoy: una orden honorífica, sin un significado o una finalidad espiritual o iniciática. Esta evolución comenzó con la muerte de Carlos II de España (1661-1700) y, como consecuencia, con la Guerra de Sucesión Española. La orden se dividió en dos: la facción española y la facción austriaca, cada una reclamando su legitimidad histórica. El actual rey Alberto II de Bélgica es un caso raro ya que es caballero de ambas facciones.

Originariamente, la Orden del Toisón de Oro se cimentaba en la tradición hermética, en la alquimia en particular, trasladando el mito griego del argonauta Jasón que había recogido, del carnero alado Crisómalo, el vellón de oro que colgaba de un roble sagrado en Cólquide, al sur de las montañas del Cáucaso, como ya lo relataba Homero en el siglo VIII a. C.

El carnero, o más bien el vellocino de oro, esquilado por Jasón, representa la búsqueda del tesoro espiritual, el de la sabiduría divina. Jasón simboliza al alquimista capaz de crear la piedra filosofal, es decir, de alcanzar la quintaesencia que es el laboratorio alquímico, Jasón es el prototipo del sabio iluminado.

Más tarde, el mito de la fundación de la Orden del Toisón de Oro lo asocia al apóstol san Andrés que evangelizó el país al que fue Jasón en busca del vellocino. Fue transformado también en santo patrón de los alquimistas, asociando a santa María con la materia prima y a

Cristo con vellocino de oro, símbolo de la piedra filosofal.

Desde el siglo IX, el griego Suidas propuso, en su *Lexicon*, una interpretación alquímica de Jasón. En 1730, en Alemania, Ehrd de Naxagoras escribió un tratado de alquimia que título *Aurum Velus, Order Goldenes Vlies* ("Vellocino de oro, Orden del Toisón de Oro) y años más tarde, en 1749, Hermann Fictuld publicó con el mismo título un nuevo estudio sobre alquimia. Expone de manera precisa y sistemática el simbolismo alquímico del periplo de Jasón, con un análisis del contenido y del sentido hermético de la Orden del Toisón de Oro. Según Cornelio Agripa (1486-1535), Felipe el Bueno creó la Orden del Toisón de Oro precisamente con el fin de honrar los misterios alquímicos. Fictuld analizó el simbolismo de todo el ritual prescrito para los usos y las ceremonias de la Orden, lo que refuerza el testimonio de Agripa.

El primer día de las fiestas de la Orden, que se traducía en la celebración del Capítulo General, en su obligada visita al soberano, los caballeros vestían de púrpura, color del plano del espíritu asociado al amarillo oro, representando la obra al *amarillo* (*citredo* en latín) o la afirmación de su dignidad espiritual. El segundo día, en la celebración de san Andrés, vestían de negro, simbolizando la *obra al negro* (*nigredo*) o el color original de la materia prima. El tercer día, conmemorando el esplendor de la Madre de Dios, vestían de blanco, color de la *obra en blanco* (*albedo*) o de la purificación del alma. El rojo, o la *obra al rojo* (*rubedo*), era el color de su vestimenta diaria habitual.

El púrpura es el color con el que visten los penitentes que se purifican mediante el ayuno y la oración, antes de participar en cualquier gran celebración de comunión con el Divino. Una vez preparados, se transforman durante la celebración: empiezan de negro, se visten luego de blanco, y finalmente, de rojo. El orden de estos colores sigue la secuencia cronológica de los colores del proceso alquímico: el negro, el blanco, el rojo (*nigredo*, *albero*, *rubedo*). En la preparación de la Gran Obra, la materia prima empieza a pudrirse y se vuelve negra bajo el efecto de la putrefacción. Con el calor a la que es sometida, se torna enseguida blanca, color de la luz y de la plata. Bajo la acción continua del fuego secreto (simbolizado por el Carnero) de los filósofos, el blanco de la perfección se vuelve rojo, el cual al palidecer se vuelve púrpura traslúcido, señal de la etapa final de la fabricación de la piedra filosofal.

La señal distintiva de la Orden del Toisón de Oro era un collar de oro compuesto de ocho elementos de oro macizo, cada uno revestido de dos hierros de fusil de los que colgaba la insignia de la Orden, una medalla con un vellocino de oro y la divisa del Maestre.

Todos los caballeros de la Orden estaban obligados a llevar el collar, so pena de ser multados, y nadie más podía usarlo. Durante las batallas, podían llevar el collar sin el vellocino. Cuando se dañaba, tenía que ser reparado de inmediato por los orfebres, y mientras estaba siendo reparado, el caballero estaba dispensado de llevarlo y de pagar la multa. Estaba prohibido adornar el collar con cualquier otra joya u ornamento. No podía ser vendido, ni regalado, ni empeñado, sea cual fuere la necesidad o la causa. Si un caballero lo perdía, tenía que volver a fabricar otro a sus expensas; si se lo robaban en el campo de batalla, el rey debía darle uno nuevo. En caso de muerte o expulsión de la Orden, el collar debía ser entregado, en un plazo de tres meses, al tesorero de la Orden.

Hermann Fictuld también vio, en el collar en forma de vellocino de oro, el símbolo del rollo hecho con piel de carnero sobre el que los antiguos escribían en letras de oro sus ciencias, como la alquimia.

Además del collar, los caballeros de la Orden del Toisón de Oro también llevaban sobre el pecho una estrella de seis puntas formada por dos triángulos de ápices opuestos: un símbolo alquímico elemental de doble sentido. Los cuatro elementos naturales (Tierra, Agua, Fuego, Aire) están representados así como la unión del Agua "Reina" (triángulo invertido, con el ápice hacia abajo) con el Fuego "Rey" (triángulo con el ápice hacia arriba). Para los alquimistas, el hexagrama que se forma es la estrella flamígera del *Azot*, el mercurio de los filósofos, con el *Ignis*, el fuego filosófico que transforma todo.

PASADIZOS BAJO LA FUNDACIÓN ⑯ RODRÍGUEZ-ACOSTA

Huida bajo tierra

Callejón del Niño del Royo
958 227 497
fundacionrodriguezacosta.com
info@fundacionrodriguezacosta.com
De 10 a 18:30 h (del 15 de marzo al 14 de octubre) de 10 a 16.30 h (del 15 de
octubre al 14 de marzo)

Los sótanos del Carmen Rodríguez-Acosta esconden alrededor de 800 metros de pasadizos con empinadas escaleras que acondicionó el propio constructor y propietario, el pintor José María Rodríguez-Acosta (1878-1941).

Su buen estado de conservación se debe a la sensibilidad artística de su dueño, que apuntaló los corredores con columnas exentas y arcos

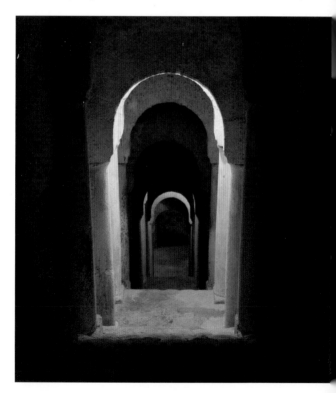

de medio punto y añadió molduras y jarrones, además de embellecer este imponente caserón con el lugar con una alberca, un enorme friso neoclásico y una imponente columnata.

No se sabe exactamente qué función desempeñaban estos pasadizos pero, a falta de una explicación más científica, podrían tratarse de la prolongación de los calabozos que había en la ciudad o tal vez, un camino que emprendían los cautivos para huir. Apenas existe documentación sobre estos pasadizos. Según los responsables de la Fundación, no están registradas más que algunas citas y dibujos de planos de los comienzos de la edificación, en la primera década del siglo XX.

Durante el recorrido, varios caminos se abren al visitante, todos ellos encalados, de modo que la tierra es visible, con las piedras o la arenisca de los diversos sustratos de la montaña en cuyo seno se adentra el recorrido por una empinada escalinata ladera abajo, con ánforas en los recovecos de las grutas y hasta un rellano acondicionado como lugar de reunión.

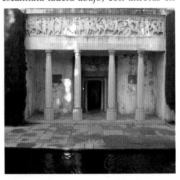

En todos estos pasajes subterráneos se aprecia cómo vive la ciudad en estas profundidades, en una época difusa, entre lo medieval y lo oscuro, como si Granada esperara la visita del curioso para ofrecerle su misterio y su secreto más oculto.

Torres Bermejas
Visibles desde el exterior

Las Torres Bermejas se encuentran en lo más alto de la colina del Mauror, desde donde se vigila toda Granada y su vega, así como los barrios del Realejo y el Albaicín, poblados de los revoltosos moriscos granadinos.

Tres son las 'torres rojas' que pertrechaban la defensa y que originalmente formaron parte del castillo 'Hizn Mawror', ya desaparecido. Una muralla, hoy discontinua, las unía a la alcazaba para facilitar el envío de refuerzos a través de un arco de herradura que aún se conserva. También es visible desde el exterior el aljibe que hay bajo el conjunto.

A lo largo del siglo XX fueron utilizadas como prisión militar, llegando a acoger presos de la Guerra Civil e incluso durante las décadas posteriores.

ARCO DE LAS OREJAS

Un arco donde colgaban orejas

Bosque de la Alhambra
Cuesta de Gomérez

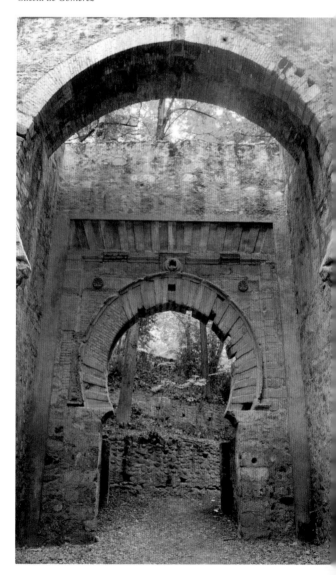

A islado, semioculto por la vegetación del bosque de la Alhambra, languidece el Arco de las Orejas, a un lado de la empinada cuesta que asciende hasta la Alhambra desde la Plaza Nueva. Los granadinos lo rebautizaron con el mote de Arco de las Orejas, pues era allí donde se exponían las orejas y otras partes del cuerpo amputadas a los delincuentes, aunque su verdadero nombre fuera siempre el de arco de Bib-Rambla ('Puerta del río').

En la actualidad es una puerta que no lleva a ningún sitio, perdida en ningún lugar, aunque conservada para los tiempos venideros, lejos del ruido mundano que la vio nacer en la plaza de Bib-Rambla, allí donde fue una de las puertas de acceso a la ciudad amurallada, en uno de los puntos más concurridos de la Granada árabe, cerca del zoco, de la mezquita, de la vitalidad de una ciudad llena de ajetreo, de vida.

Un arco desmontado y reconstruido

El salvamento del Arco de las Orejas de la piqueta, en una Granada que adoraba el progreso y renegaba de las piedras antiguas, fue toda una odisea que concluyó con el traslado del arco a su actual emplazamiento. En 1873 el Ayuntamiento ordenó su derribo, intentando pasar, con nocturnidad alevosa pero sin éxito, sobre la dura oposición de artistas e intelectuales como el periodista local Luis Seco de Lucena. En 1881 fue declarado Monumento Nacional, aunque el gobierno de Cánovas del Castillo, a la sazón director de la Real Academia de la Historia, ordenó en 1884 su derribo total por razones de higiene, según adujeron. De nuevo la acción popular, tan habitual en Granada cuando se toca alguna piedra con historia, dio con todo el arco, desmontado, en el Museo Arqueológico, donde quedó olvidado hasta que el director del Patronato de la Alhambra y el Generalife, Leopoldo Torres Balbás lo ubicó en su actual entorno en los años treinta, dando por definitivamente perdidas las bóvedas interiores.

EL NIÑO DEL ROYO

Una broma macabra

Callejón Niño del Royo

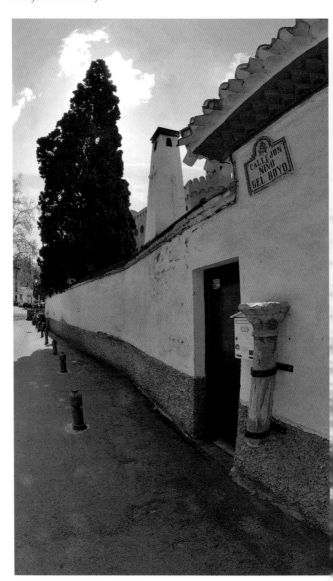

Hasta la primera mitad del siglo XIX, en la colina del Mauror, junto a la Alhambra, se observaba a lo lejos una figura alargada, rematada en lo que parecía una cabeza sobre un tronco con brazos a los lados. Como era habitual que se preguntara por esa imagen que recordaba a un niño parado junto al camino, los lugareños afirmaban que era 'el niño del rollo', a modo de burla. Pero, conforme el viajero se acercaba a la figura, iba distinguiendo que lo que tomó por brazos no eran sino garfios de los que pendían restos humanos y lo que creyó que era un niño, era una columna, picota o rollo que sostenía los despojos de los ajusticiados para ejemplo de propios y extraños.

La Alcaidía de la Alhambra disponía de sus propias picotas o pivotes en el callejón Niño del Royo como aviso o disuasión de la tentación de delinquir.

El nombre de la calle es el único recuerdo de unos tiempos en los que la justicia se aplicaba sin mucho miramiento, con amputaciones de manos, pies, brazos, e incluso cabezas y otras salvajes sentencias de aquella época (mutilación, ahorcamiento, desmembramiento...).

Hasta finales del Antiguo Régimen, era habitual encontrar en tierras españolas postes con garfios a los lados, que se conocían como 'royos de justicia', con escudo real o señorial. Estos monumentos al suplicio eran además el indicativo físico de que la localidad tenía potestad para administrar justicia o de que, a partir de ese punto, la ley era impartida por otra instancia (real, eclesiástica, militar o civil).

Una hermandad para recoger despojos humanos

Estos lugares producían un espectáculo macabro en las ciudades y caminos de España. En Granada llegaron a existir, repartidos por la ciudad, hasta una decena siendo habitual la presencia de roedores o aves carroñeras dándose un buen festín.

Existen datos que atestiguan que, hasta el siglo XVIII, algunos ciudadanos compasivos, organizados en torno a la Hermandad de la Paz y la Caridad, recorrían las calles de las ciudades con sus carromatos y carretillas recogiendo los despojos humanos para llevarlos a lugar sagrado y allí, tras oficiar misa y rezar algún padrenuestro por el alma del penado, darle cristiana sepultura, siempre que la sentencia lo consintiera.

ANTIGUA PUERTA
DE UNA TIENDA DE FOTOGRAFÍA

⑲

Fotógrafos en la Alhambra

Muro exterior del Carmen de los Mártires

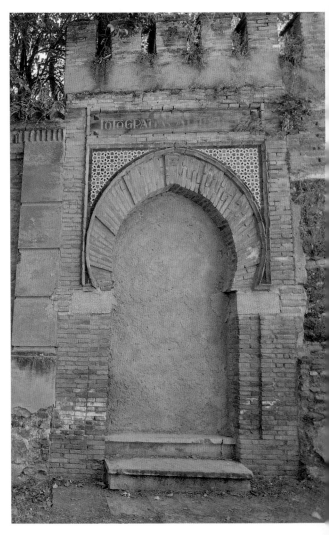

La abandonada puerta de acceso a una antigua tienda de fotografía representa uno de los últimos testimonios que quedan de la popularidad de la que gozó la Alhambra a principios del siglo XX, cuando el turismo empezaba a asomarse a este rincón de Al Ándalus.

Son pocos los vestigios como este que quedan de la avalancha turística que llegaba hasta Granada en aquellas fechas, entre finales del siglo XIX y principios del XX.

Sólo se conserva la puerta de acceso de lo que fue un comercio lucrativo, conocido como el estudio Meersman, un ingeniero belga apasionado del nuevo arte del siglo XX que estableció en su carmen alhambreño un laboratorio fotográfico con tienda para los turistas, en un lateral del muro que cierra el Carmen de los Mártires, en una calle que parte de la avenida que lleva hasta este hermoso jardín. Quedan todavía las inscripciones y el arco árabe de imitación, muy del gusto de la época. También se puede observar este afán por reproducir el esplendor de Al Ándalus en el uso de azulejos y ladrillo aún visible en el muro.

Cuando el turismo llegó al sur, era un negocio hacer retratos en un ambiente moruno, especialmente en los aledaños de la subida a la entrada del recinto que acogía a miles de visitantes ávidos de exotismo y aventura oriental.

Libros como los *Cuentos de la Alhambra* de W. Irving o cientos de dibujos, fotografías y relatos de los viajeros románticos que recalaron en Granada tuvieron mucho que ver con el interés que despertó un palacio árabe único en Europa. El efecto llamada fue inevitable.

GRUTA DE LA VIRGEN DE LOURDES

La virgen de la cueva

Camino Nuevo del Cementerio, s/n
Gruta de la Virgen
Barranco del abogado

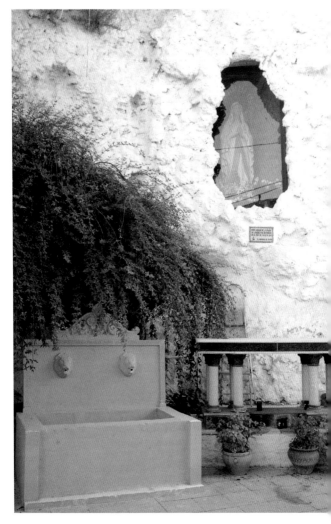

Desde hace más de un siglo, el interior de una cueva natural alberga una pequeña réplica de la Virgen de Lourdes (Francia), la imagen más venerada en el barrio del Barranco del Abogado (ver más abajo).

El día de la festividad de la Virgen de Lourdes, el 11 de febrero, se realiza una romería que ha vuelto a tomar fuerza en los últimos años.

Esta capilla-cueva está administrada desde la parroquia de San Cecilio. En su interior se halla una placa inscrita sobre los pormenores de su construcción que data de 1903. La pequeña ermita fue subvencionada por Pilar García Romanillos, una de las granadinas que, al igual que María Luisa de Dios, la congregación de los Redentoristas o las Damas Apostólicas, se ocuparon de mejorar la vida de los habitantes de un barrio que careció durante mucho tiempo de las condiciones mínimas para una vida digna.

Un barrio olvidado junto a la Alhambra

El Barranco del Abogado, o barriada de la Virgen de Lourdes, se sitúa en la falda de la Alhambra, a partir de la zona conocida como la Antequeruela, y es uno de los barrios menos transitados y conocidos de la ciudad.

De accidentada orografía, se ubica en una tierra donde no existió una cabina telefónica, buzón de correos o parada de autobús hasta el año 2002. La primera fuente pública de agua potable no se instaló en el barrio hasta 1920 y aún hoy, el alumbrado público y el agua potable no llegan a todas las calles ni casas. Con el paso de los años, especialmente los últimos treinta, la zona se ha ido revalorizando y las casitas están siendo adquiridas y rehabilitadas por dentro y por fuera.

Hay unos 600 vecinos censados en el Barranco del Abogado, descendientes de los jornaleros, obreros o artesanos que tradicionalmente vivieron aquí.

Los habitantes creen que el origen del nombre del barrio proviene de un abogado que adquirió los terrenos en 1623 como pago de sus honorarios, aunque existe otra leyenda casi olvidada que cuenta que un Caballero Veinticuatro –antiguo cargo público equivalente a un regidor municipal– fue asesinado aquí en los oscuros años del Antiguo Régimen.

EL ÁRBOL DE SAN JUAN DE LA CRUZ

Poema a la sombra de un árbol

Jardín del Carmen de los Mártires
De lunes a viernes de 10 a 14 h y de 18 a 20 h. Sábado, domingo y festivos de
10 a 20 h (1 de abril - 14 de octubre); de lunes a viernes de 10 a 14 h y de 16
a 18 h. Sábado, domingo y festivos de 10 a 18 h (15 de octubre - 31 de marzo)

En medio del jardín del Carmen de los Mártires se yergue un árbol centenario que da sombra y cobijo a aquellos que acuden a reposar su alma al Carmen de los Mártires. Se atribuye su plantación al propio San Juan de la Cruz (1542-1591), maestro de la mística cristiana prior del convento de la Orden de los Carmelitas Descalzos entre 158. y 1588. Bajo su sombra, cuenta la leyenda, escribió el santo su obra cumbre, *Noche Oscura del Alma*. Traído desde Portugal, este ejemplar d la especie *Cupressus Lusitanica Mill* llegó concretamente desde el bosqu sagrado de Bussaco (provincia de Coimbra).

El cedro de San Juan de la Cruz preside la parte alta del jardín de carmen, en un espacio donde la orden de los carmelitas plantó hac siglos las especies más raras de flora del mundo, entre ellas la de est ciprés, aunque en Granada se le conoce como 'cedro'.

Aparte de este enorme árbol, el más antiguo de los que puebla

el vergel, los jardines actuale esconden bellos rincones, como lago –con isla y torreón, fuentes plantas exóticas y medicinale jardín oriental y patio islámico donde destacan la acequia y gruta.

En cambio, el convento d San Juan de la Cruz fue destruid en 1842, siendo sustituido edificio monacal, con noviciad y convento, por un palacete qu se conserva actualmente (ver ma abajo). Del santo sólo queda cedro y uno de los poemas ma hermosos de nuestra literatura que si bien estaba dedicado Dios, está pleno del amor que u ser humano puede albergar en noche oscura de su alma.

ALJIBE DE LA LLUVIA

Un aljibe para la lluvia de la montaña

Carretera del Parque de Invierno

En la carretera del Parque de Invierno, un depósito de agua, subterráneo en sus dos terceras partes, recogía el agua de la lluvia, de ahí su nombre de Aljibe de la Lluvia. Integraba el extenso sistema de abastecimiento hídrico de los palacios altos de la Alhambra (Castillo de Santa Elena o Silla del Moro, Dar al Arusa, Alberca Rota, Pozos Este y Oeste, Albercón del Negro y Palacio de los Alixares).

Este ingenio está situado a gran altura, 930 metros sobre el nivel del mar –la ciudad de Granada se encuentra a 680 metros de altura, acumulándose en su techo la lluvia que era canalizada a través de un orificio central, siguiendo el sistema del *compluvium* ideado por los romanos. Poseía dos entradas laterales de conducción de agua que fueron sustituidas con el tiempo por una central más moderna.

El Aljibe de la Lluvia es otro de los admirables inventos nazaríes para aprovechar el agua, en este caso de la lluvia de la montaña con que la tierra granadina es agraciada.

Caminando hacia el Llano de la Perdiz, llama la atención una puerta metálica de acceso en medio del paisaje. Desde el exterior, se pueden observar sobre un rellano del camino sus bóvedas superiores y un estanque que sirve de aliviadero. El aljibe, construido con ladrillo y argamasa, tiene una planta cuadrada de casi ocho metros de lado. Las tres bóvedas de cañón apuntado, que ejercen de contrafuertes, permitieron la construcción de un gran espacio central embovedado.

Dibujado por el viajero Georgius Hoefnagle en 1575 para la obra *Civitatis Orbis Terrarum*, el depósito fue redescubierto en el siglo XIX, en un buen estado de conservación y cumpliendo aún su función original. El Aljibe de la Lluvia sigue siendo útil a la ciudad ya que se utiliza como reserva adicional de agua en casos como los dos incendios que han sido apagados en la zona gracias a su agua caída del cielo.

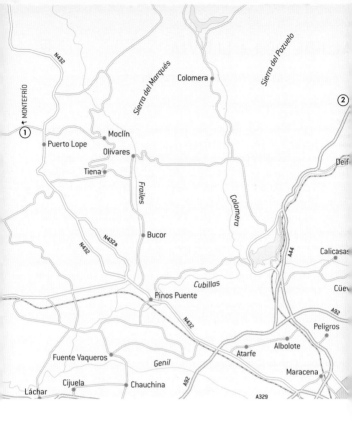

Alrededores norte

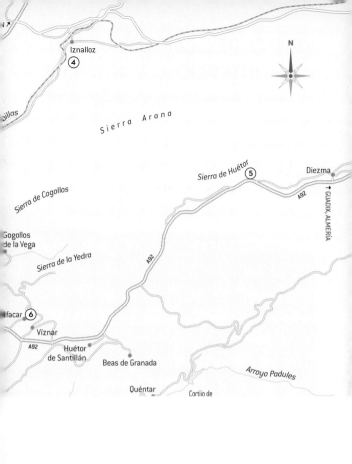

IGLESIA DE LA ENCARNACIÓN DE MONTEFRÍO

Una réplica del Panteón de Roma para bodas japonesas

958 336 004 – 958 336 136
turismontefrio@montefrio.org
montefrio.org
Montefrío

La iglesia de la Encarnación de Montefrío (derivación del nombre *monte ferido*, 'monte herido') posee una inmensa cúpula de 30 metros de diámetro que recubre su planta circular, por lo que en el pueblo se la conoce con el sobrenombre de 'la redonda'.

Este singular edificio neoclásico atribuido al arquitecto Ventura Rodríguez –aunque realizado por su discípulo Lois de Monteagudo– es copia del Panteón romano, cuya planimetría fue tomada como modelo en la construcción y adaptada al uso como iglesia cristiana (ver comparativo abajo).

La edificación se llevó a cabo bajo el reinado de Carlos III en tan sólo 16 años, de 1786 a 1802.

Junto al círculo perfecto que marca su forma inmensa hay adosado un pequeño rectángulo a modo de cabecera donde se encuentra la Capilla Mayor y otro en la zona de entrada de los fieles.

La desproporción de este templo respecto a las otras iglesias evidencia que se trata de un estilo singular de arquitectura importado desde otras tierras.

En 1981 un profesor de la Universidad de Yokohama, Yuri Oyama, realizó una visita a la localidad de Montefrío y quedó enamorado del lugar. Se quedó a vivir allí durante un año y luego visitó el pueblo en cuatro ocasiones más. Apasionado de la fotografía, Oyama publicó en 1983 un libro de fotografías y realizó varias exposiciones sobre su 'descubrimiento'. El interés suscitado por las muestras entre el público nipón y el apoyo de los turoperadores convirtieron Montefrío en un destino famoso en todo Japón y los visitantes comenzaron a llegar. Desde entonces los carteles trilingües en español, inglés y japonés acompañan a los monumentos.

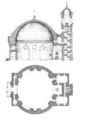 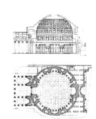

Bodas japonesas a la española

La Villa de Montefrío ofrece la inédita posibilidad a los novios nipones de casarse 'a la española'. Las bodas se realizan en el Ayuntamiento y todo el pueblo colabora para que los contrayentes, llegados desde Tokio, Yokohama o Nagasaki disfruten por unas horas de toda la alegría, colorido y sabor de las bodas españolas. Lanzamiento de arroz a la salida de los novios, jamón en el banquete y unas sevillanas le dan el toque folclórico al evento.

HOTEL CORTIJO DEL MARQUÉS ②

El cortijo 'fosilizado'

Camino del Marqués, s/n
Albolote
958 340 077
reservas@cortijodelmarqués.com
cortijodelmarques.com
11 habitaciones (entre 90 € y 150 €)
Se llega por la autovía A-44 que une Jaén con Granada tomando la salida
de Deifontes en el km 108. Al llegar a la rotonda seguir por la vía de servicio
paralela a la A-44 y desde ese punto el camino está bien señalizado. El Cortijo
se encuentra a 4 kilómetros escasos por un camino de tierra

S ituado a 18 kilómetros al norte de Granada, el Cortijo del Marqués de Mondéjar es un antiguo cortijo convertido en alojamiento de lujo en el que se puede conocer la forma de vida, ya perdida, de los cortijos andaluces.

En la restauración del lugar se ha realizado todo lo que quedaba de genuino del pasado y del uso como cortijo de labranza y lugar de vivienda tanto de los jornaleros como de los señores que, de cuando en cuando, habitaban el lugar.

Es la estampa de un pueblo en miniatura, con una recoleta iglesia como eje central, que daba cobijo a 30 familias de jornaleros del campo junto con el herrero, el molinero, el maestro de escuela, los pastores…

La finca comprende 4 000 hectáreas de olivar en una llanura inabarcable y rectilínea que primero fue convento de monjas para pasar después a ser el cortijo del marqués de Mondéjar.

Ahora es un alojamiento de alta categoría para bodas y banquetes que se publicita como un 'cortijo secreto', y, desde luego, cumple con tal definición.

La imponente iglesia que preside la vida de este 'pueblecito' muestra, no sólo el origen conventual del recinto sino también la importancia de la vida religiosa en el medio rural.

MANANTIALES DE DEIFONTES

Las fuentes de Dios

Deifontes

n el municipio de Deifontes, aguas abundantes surgen en manantial, como en un edén inalterado en medio de un parque de desbordante naturaleza.

Es este fenómeno el que da origen al bello nombre del pueblo: Deusfontes (fuentes de Dios), o, tal vez, Daifontes, Dayfonte, Dialfate o *dar al-font* (casa o lugar de la fuente).

Los nacimientos de las pozas, rodeados por pequeños muros de ladrillo, otorgan a todo el entorno una grata sensación de frescor y sobre todo la serenidad de un espacio único, acompañado tan sólo por el lagrimeo constante del agua que surge del fondo y el nadar de los peces.

El parque y los manantiales están al final del pueblo, junto a la Ermita de San Isidro –a la que se accede desde la autovía N323 y desde Iznalloz, rodeados del río Cubillas, que ayuda a mantener este jardín alejado del ruido y de los rigores del verano.

El ensueño de este paraje no ha sido descubierto aún por los turoperadores; tan sólo existe un hotelito con casas de madera al otro lado del río.

Los únicos viajeros que han llegado hasta aquí son los que se aventuran por una de las rutas del Legado Andalusí, la de Los Nazaríes, en la que Deifontes está incluida como última parada, en mitad de la Sierra de Arana, antes de llegar a la capital granadina.

Ilustre casa de postas

En los tiempos en que las diligencias debían realizar paradas para dar de beber a los caballos y permitir el descanso de los viajeros, una de las fondas más famosas y frecuentadas del camino Real de Granada se erguía cerca de los manantiales. La antigua fonda era conocida como 'Venta del Nacimiento' y data del siglo XVIII. Testimonios escritos aseguran que hasta los conocidos místicos cristianos San Juan de la Cruz y Santa Teresa de Jesús, descansaron en ella alguna vez en sus largos viajes hacia la capital.

CUEVA DEL AGUA

Fantasmas en la cueva

Cueva del Agua, Pico del Asno de Sierra Arana
Iznalloz
958 247 500 – 958 247 384
cuevadelagua@dipgra.es
De lunes a sábado de 10 a 15 h
Visita previa solicitud al Área de Cultura de la Diputación de Granada
Grupos no superiores a 15 personas

L a gran sima subterránea cercana a la localidad de Iznalloz conocida como la Cueva del Agua (Cueva de la Sabina, Cueva del Asno o Cueva de Deifontes) es una gigantesca red de pasajes subterráneos donde contemplar grandes formaciones de estalagmitas y estalagtitas.

Esta profunda grieta en la tierra de la Sierra Arana es un reducto singular, a la vez profundo y espectacular, de aspecto fantasmagórico, sobre todo en las zonas conocidas como Sima de los Dientes de Dragón o la Cámara de los Endriagos.

También se pueden contemplar llamativos conjuntos de cristalizaciones con forma de coral en la Sala de la Música o la Sima del Plus Ultra, la Galería Juan y Carlos y la Galería de la Universidad. En la Laguna del Glaciar sorprende encontrarse con una soberbia cascada petrificada y las pequeñas lagunillas de agua pura del Lago Verde.

A una altitud de 1 750 metros, un desnivel de 180 metros y una longitud de 3 000 metros, la Cueva del Agua tiene una temperatura constante de nueve grados. El terreno calizo y la acción del agua han configurado una espectacular falla con fuertes pendientes y galerías laterales que han permitido, con la acción paciente de la naturaleza, la aparición de grandes cavidades conectadas entre sí.

El interés geológico se suma con el biológico, pues existen en su interior hasta 23 especies endémicas, algunas de ellas específicas de esta cueva y en su mayoría, como el pseudoescorpión o el miriápodo origmatogona tinautil, blancas y ciegas ya que no salen nunca al exterior.

Universidades andaluzas realizan trabajos de investigación en el interior de este micromundo, como el estudio para posibilitar una explotación turística que preserve la riqueza ecológica de su interior.

LA VENTA DEL MOLINILLO

⑤

El Santo Manuel

A-4004 (salida por A-92), antigua carretera de Granada a Guadix
Caserio Molinillo, Sierra de Huétor
Huétor Santillán

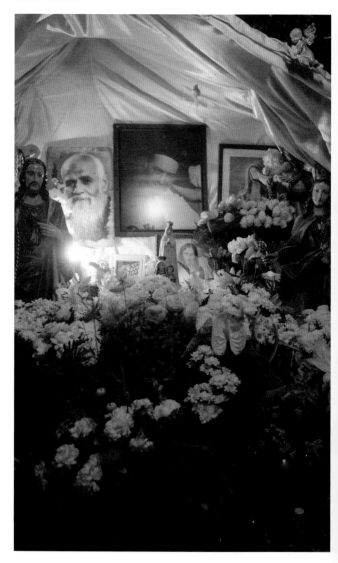

Toda la zona que rodea la antigua Venta del Molinillo, en la que fuera la carretera principal entre Granada y Guadix, está envuelta en un halo de magia y de misterio, pues unos metros más arriba se situaba la cabaña del curandero más famoso de la provincia, el 'Santo Manuel'.

El sanador realizaba sus peculiares métodos de curación, que, a tenor de los muchos testimonios recogidos, tenían un alto nivel de efectividad. Como no quería dinero en pago a sus servicios, sus pacientes le obsequiaban con aquello que más le agradaba: leña y vehículos. Con el tiempo, la montaña de leña junto a su choza fue creciendo hasta límites que llegaron a hacer temer por la seguridad de las casas montaña abajo. También se fueron colocando en los caminos cercanos hasta más de trescientos vehículos (coches, motos, y sobre todo camiones, de todas clases y marcas).

La Venta del Molinillo dejó de ser un lugar de paso y se convirtió en punto de encuentro para todos los enfermos que habían oído hablar de las dotes milagrosas de este hombre menudo y profundamente humilde.

Hoy, hacer un alto en la ruinosa Venta del Molinillo significa visitar una España que ya pasó a la historia pero que aún conserva, en recuerdo de uno de sus más ilustres convecinos, la desvencijada morada del 'Santo Manuel' y una enorme montaña de leña, intacta.

El mismo curandero padecía una enfermedad incurable de la que casi nadie sabía y que le impedía levantarse de su camastro. A su entierro, en el pueblo de Huétor Santillán, acudieron cientos de personas llegadas de toda la geografía española que acompañaron el féretro en silenciosa comitiva desde la misma Venta del Molinillo hasta Huétor Santillán. Una caravana de coches de varios kilómetros hizo sonar sus cláxones, asomando ramos de flores por las ventanas y tirando cohetes.

Todavía, en cada aniversario de su muerte, el 7 de marzo de 2001, se presentan ante su tumba cientos de personas que recuerdan a aquel hombre que hizo el bien y curó a todos los que hasta él se acercaron.

MONUMENTO A LA MUERTE DE FEDERICO GARCÍA LORCA

La tumba perdida de Lorca

Parque García Lorca
Paraje de Fuente Grande, s/n
Alfacar

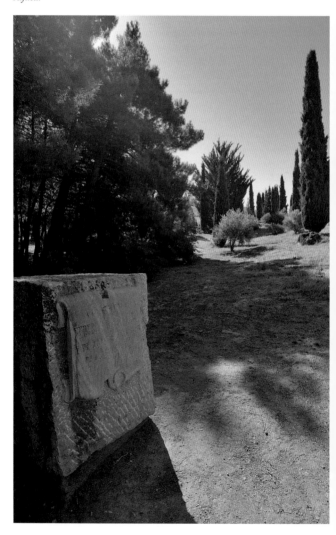

En 1986 el ayuntamiento de Alfacar se lanzó a construir un inmenso parque dedicado a la memoria de uno de los poetas más distinguidos del siglo XX, Federico García Lorca (1898-1936), en el lugar donde, según la creencia popular, fue asesinado y sepultado.

Pero el reciente revisionismo de la Guerra Civil provocó que en el año 2009, y con la oposición de la familia del poeta, se iniciaran los trabajos de localización de los restos, sin hallazgo ninguno. Ni en el parque ni en los terrenos cercanos aparecieron los restos mortales que hubieran resuelto el misterio.

Los versos más bellos del poeta han sido inmortalizados en los muros de la plaza central y un monolito que reza la inscripción "a la memoria de Federico García Lorca y de todas las víctimas de la Guerra Civil" se erige junto al olivo que, hasta hace poco, se creía guardián de sus restos mortales.

En cada aniversario de la muerte de Lorca, el 18 de agosto de 1936, acuden españoles de todos los lugares a una noche lírica en su honor y depositan flores en el monumento.

La única pista que queda por el momento sobre el lugar exacto donde Federico encontró la muerte es una estrofa del cancionero popular que dice así: "Entre Víznar y Alfacar mataron a un ruiseñor porque quería cantar".

Aún siguen enfrascados especialistas, estudiosos de la obra lorquiana e incluso los propios ayuntamientos afectados (Viznar y Alfacar) en las conjeturas sobre dónde se encuentra el cuerpo del poeta.

Federico, cofrade de la Alhambra

El poeta bautizado como Federico del Sagrado Corazón de Jesús García Lorca guarda muchos secretos en su biografía, entre otros, su condición de hermano de la cofradía de la Virgen de la Alhambra. Efectivamente, el poeta granadino fue uno de los primeros hermanos de la Cofradía de la Virgen de las Angustias de la Alhambra, llegando a ser el portador de la cruz de guía, vestido de penitente al uso, en la procesión de 1928.

SALA DE EXPOSICIONES DEL ARTISTA MIGUEL RUIZ JIMÉNEZ

Una cúpula para el arte

Cruce Jún, Alfacar
958 414 077
grupomrj@gmail.com
miguelruizjimenez.com
De lunes a viernes de 8 a 14 h y de 16 a 19 h
Sólo visitas previa cita; mínimo 4-5 personas

El pabellón de las artes levantado por el artista granadino Miguel Ruiz Jiménez es un templo dedicado a la cerámica y a la escultura, famoso por sus obras realizadas en loza dorada y un verdadero ingenio ideado por el propio artista, un autodidacta que ha llegado muy lejos con su arte.

Lo más llamativo de este singular edificio es su grandiosa cúpula de 18 metros rodeada por una curiosa verja inspirada en los tubos de los órganos de las catedrales.

Las esculturas de Miguel Ruiz son tan originales como gigantes, pero lo más relevante del centro artístico es una colección inagotable de réplicas de cerámica nazarí de más de un metro de altura que este artista polifacético se ha empeñado en rescatar.

El interior de la construcción se divide en tres partes entre las que podemos encontrar una de las esculturas más colosales del lugar: una inmensa figura humana en homenaje a la afición del equipo de fútbol local.

El recinto acumula vasijas, lámparas y otras piezas inspiradas en el trabajo de los ceramistas nazaríes, hasta alcanzar la cantidad de 150 obras. Aparte de aulas y de una sala de conferencias donde el escultor comparte su experiencia, también encontramos el 'laboratorio artístico' donde se puede apreciar la cámara de cocción. Sus obras están realizadas con una técnica novedosa que el autor inventó desarrollando sus estudios de química.

Los vasos de inspiración nazarí se encuentran repartidos por los museos más renombrados del mundo entero y aquí son reproducidos por encargo al precio de 50 000 euros la unidad. Los clientes habituales suelen ser casas reales, como la de Arabia Saudí, que contrató al artista en 1999 para participar en el amueblamiento artístico de un palacio, réplica de la Alhambra, levantado en Riad. Realizó una colección completa de los Vasos de la Alhambra o diversas obras para otras instituciones, como el Parlamento Europeo o la Unesco, empleando en cada pieza una media de cuatro meses de trabajo.

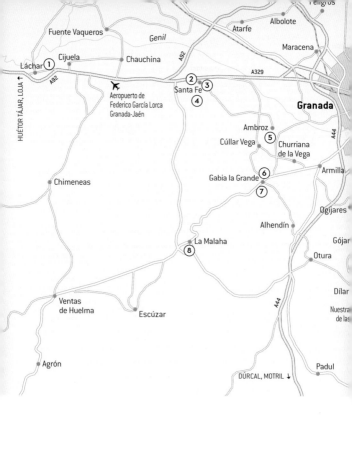

Alrededores sur

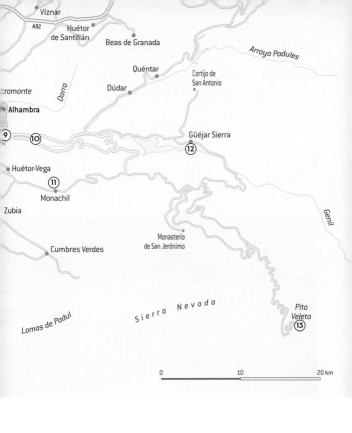

LA TORRE DE ROMA EN ROMILLA ①

Un baluarte defensivo nazarí

Casa Real del Soto de Roma
Paseo de la Reina, s/n
Carretera Fuente Vaqueros-Valderrubio km 23

La Torre de Roma, situada en las afueras de la localidad de Romilla –o pequeña Roma– anejo de Chauchina, a medio camino entre Cijuela y Fuente Vaqueros, es un baluarte defensivo nazarí de rotundas dimensiones.

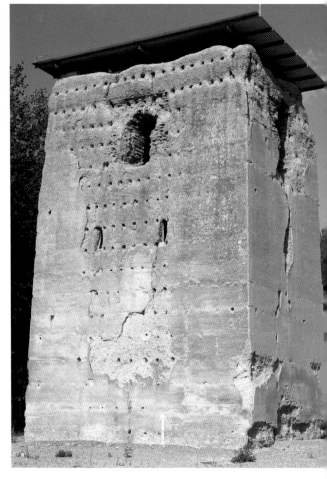

Visible en todo el entorno de la vega debido a su gran altura, marcó durante siglos el extremo sur de la gran finca de caza conocida como Real Soto de Roma (ver más abajo).

Sus tres plantas de forma cuadrangular la revisten de una solidez reforzada por la ausencia de aberturas, salvo los dos ventanucos que se encuentran a la mitad de sus muros. Un aljibe bajo el suelo aseguraba la autonomía de la guarnición que lo defendía en las postrimerías del reinado nazarí.

'Pepe el Romano'

Los habitantes de la pequeña población de Romilla fueron llamados durante siglos 'romanos', de ahí el nombre 'Pepe el Romano', un conocido personaje en la obra lorquiana *La casa de Bernarda Alba*.

El Soto de Roma

El Soto de Roma fue en sus inicios una finca de labor romana y también lugar de caza y esparcimiento de los reyes granadinos. Pasó a formar parte del patrimonio de la corona como Real Sitio, lugar de caza y recreo, con densos bosques y plantíos. Era visitada eventualmente por los nobles hasta que Carlos IV la cedió a su valido Manuel Godoy, a cambio de un picadero de caballos en Aranjuez, quien se agregó el título de Señor de Soto de Roma y del Estado de Albalá a sus muchos títulos nobiliarios. Bajo el reinado de Fernando VII se incautaron todos sus bienes y el Soto de Roma volvió a la corona aunque por poco tiempo. Las Cortes de Cádiz, en ausencia del rey, lo donaron al duque de Wellington y de Ciudad Rodrigo en muestra de gratitud por su servicio a España al vencer a Napoleón. Hasta 1940, el Soto de Roma y los pueblos que lo integran (Fuente Vaqueros, Valderrubio y Romilla) pertenecieron al duque, quien arrendaba las tierras a colonos que con el tiempo las pudieron adquirir.

EN LOS ALREDEDORES
Casa Real del Soto de Roma

Desde el palacete del Soto de Roma, actualmente en uso para celebración de bodas y banquetes de cierto nivel, se divisaba y gobernaba la finca del Soto de Roma. Está situado a poco más de un kilómetro de Fuente Vaqueros, al final del Paseo de la Reina, en dirección a Valderrubio. Rodeado de un exótico jardín encerraba unos suntuosos salones, así como la parroquia de Fuente Vaqueros, un pequeño templo de una sola nave adyacente a las casas del palacio que tuvo rango parroquial a partir de 1780 y privilegios de capilla real hasta 1837.

MONUMENTO AL INVENTOR DEL PIONONO

El pastelero pío

Calle Real
Santa Fe

②

El creador del pastelito 'pionono', Ceferino Isla González, tiene no sólo una plaza dedicada a su memoria sino además una estatua cerca del primer obrador donde ideó el dulce que ha dado fama mundial a la localidad de Santa Fe.

La elaboración en 1897 del primer pionono tuvo como objeto homenajear al Papa que sancionó en 1858 como dogma de la Iglesia Católica la Immaculada Concepción de la Virgen María Madre de Cristo (ver más abajo), el Papa Pío IX (Pío Noveno para los españoles, Pío Nono para los italianos).

La estatua, obra del escultor granadino y a su vez vecino de la localidad, Miguel Moreno, reprodujo fielmente la grave figura de este devoto pastelero. En la actualidad el obrador de la calle Real se ha convertido en todo un emporio de la más fina repostería, bautizado con el nombre de Casa Isla.

El pionono intentaba reproducir en su diseño la figura, algo rechoncha, del Papa que le presta su nombre. Es un bizcocho enrollado sobre sí mismo, con crema y canela, emborrachado en un jarabe muy dulce. La parte superior de crema azucarada y tostada del pastel quiere simbolizar el solideo con el que el Papa cubre su coronilla y la canastilla de papel en cuyo interior se deposita el pastel humedecido, el balandrán blanco.

Su sabor dulzón sedujo incluso al rey Alfonso XIII, quien lo desayunó durante una cacería en el palacio de su amigo el duque de San Pedro de Galatino, en Láchar.

Sin embargo, la controversia pronto surgió poniendo en duda el origen de la receta. Hay fuentes que aseguran que entronca con la repostería andalusí o, incluso, que en realidad fueron tres pasteleras, hermanas entre sí y viudas, las que habrían alumbrado esta fórmula en un obrador conocido como 'La Blanquita'.

'A María no tocó el pecado primero'

El dogma de la Inmaculada Concepción de María, madre de Cristo, sancionado por Pío IX, fue defendido a ultranza desde Granada a través de su más afamada cantera de pensamiento teológico, la Abadía del Sacromonte, cuyo lema fundacional es precisamente 'A María no tocó el pecado primero'.

El papado más longevo

El beato Pío IX, o Pío Nono, (1792-1878) fue el papa 255 de la Iglesia Católica entre 1846 y 1878. Su pontificado, de 31 años de duración, es el más largo de la historia de la iglesia –tras, hipotéticamente, el de San Pedro, al que se le figuran 37 años.

BAÑOS DE SANTA FE

Baño libre

Entrada libre y gratuita

L os Baños de Santa Fe son unas aguas de propiedades medicinales que brotan desde un recóndito manantial que descubrió un lugareño mientras realizaba una prospección a finales del siglo pasado. Es habitual encontrar personas disfrutando de los beneficios de las termas y de la naturaleza a cualquier hora del día o de la noche.

Debido tal vez a su difícil localización, son unos baños 'libres' en todos los sentidos: gratuitos y sin horarios de apertura o cierre, sin vallas ni vestuarios ni personal a cargo ni normas para el baño. Han sido varias veces objeto de especulación por parte de grandes empresas que han pretendido privatizar y reconvertir en hoteles spa y campos de golf este patrimonio de todos. Gracias a la acción de diversos colectivos de Santa Fe, se ha conseguido mantener su generosidad y belleza. Diversos grupos de comunidades de vida alternativa se reúnen anualmente en la zona (ver más abajo).

El paraje rodeado de olivos está algo abandonado y necesitado permanentemente de limpieza. El continuo fluir del agua sulfatada a 30-34 grados centígrados más el desnivel de la zona fueron erosionando el terreno y perfilando tres pozas de forma escalonada. En ellas se reparten los bañistas, con traje de baño o sin él, además de los habituales mirones. Es común que la juerga, la diversión y el baño se unan en la madrugada cuando alguien propone a altas horas de la noche irse a dar un baño con todo el grupo.

La Fiesta del Dragón

Conforme llega la primavera comienza a aumentar el número de furgonetas desvencijadas que se acercan a los baños: son los hippies que asisten a la concentración espontánea que se realiza año tras año en Santa Fe. La Fiesta del Dragón es como se ha dado en llamar a la celebración que convoca alrededor de 10 000 personas en esta zona durante sólo unos días (no más de una semana). Realmente, esta celebración nació en los alrededores de Órgiva, en las Alpujarras de Granada, donde abundan las comunas como Los Tablones o Beneficio. Los problemas con las autoridades de aquellos municipios y las dificultades de acceso hasta la comarca alpujarreña han motivado que se celebre la fiesta en esta zona donde, inevitablemente, comienzan también las protestas de los vecinos.

No resulta fácil llegar hasta los baños de Santa Fe: la única manera es ir en coche. Hay que acceder desde Santa Fe hasta el paraje conocido como la Dehesilla. Desde allí se asciende por el secano hasta conectar con el camino de servicio del Canal del Cacín, punto que enlaza con la salida de la sub-ruta. El Canal del Cacín acompaña al viajero en gran parte del recorrido. En el trayecto se pasa cerca de la Urbanización de Buena Vista, que queda a la derecha. Poco después aparece la carretera de Chimeneas, que hay que cruzar con cuidado, para continuar la ruta. Pasado un buen tramo, se alcanza un punto en el que se cruza un barranco y, poco después, el Canal de Cacín pasa por encima. Desde ahí se accede a un carril a la izquierda que baja al barranco.

FÁBRICA ARTESANAL DE COCHES HURTAN

Bólidos de lujo y a medida

Carretera antigua de Málaga, km 444 (prolongación Avd. de América, s/n)
Santa Fe
958 511 678
hurtan.com
comercial@hurtan.com

L a fábrica de coches Hurtan es la única fábrica artesanal de coches de lujo de España. Gran parte de sus bólidos al estilo de los años 50 se envían directamente a los Emiratos Árabes, además del Norte de Europa. Para adquirir uno es necesario anotarse a una lista de espera y aguardar hasta que se termine alguno de los 60 Hurtan que se crean cada año. Fabricar un solo coche conlleva unas 300-500 horas de trabajo (unos seis meses) para los quince trabajadores de esta pequeña fábrica artesana.

granadina. El concesionario está junto a la fábrica a las afueras de la localidad de Santa Fe y aunque sólo trabajan por encargo, se visita sin cita previa, como en cualquier otro concesionario de automóviles.

Los Hurtan son coches tipo roadster, de dos y cuatro plazas, aunque con motor, frenos, suspensión y dirección de un Renault Clio, 'tuneados' según el gusto de los clientes.

Se han fabricado un total de 400 unidades desde el año 2004, fecha en que consiguieron la homologación de sus modelos bajo la marca Hurtan. El Hurtan Albaycín es el modelo insignia, con un precio que varía entre los 37 000 y los 75 000 euros, según los caprichos que se le añadan. El coche se escoge por catálogo, pudiendo elegir desde el tipo de piel del salpicadero, los embellecedores o el tapón de la gasolina –que se encargan al proveedor de los legendarios Morgan– hasta los neumáticos con banda blanca, las fundas de la capota o los acabados en madera. Para las dimensiones de los asientos se toman las medidas de las piernas del cliente con el fin de calcular la distancia necesaria con los frenos.

CENTRO DE INTERPRETACIÓN DEL TABACO

Adiós al tabaco

Vial de la Vega, s/n
958 432 051
Visita posible con cita previa en el ayuntamiento de Vegas del Genil
Belicena
La Vega

Un antiguo secadero de tabaco levantado en 1953 en ladrillo y madera es la sede de un Centro de Interpretación donde se da a conocer la tradición del cultivo del tabaco y donde se explora lo que fue la floreciente industria de la Vega de Granada hasta hace pocos años.

La actividad tabacalera, durante siglos la principal de la Vega de Granada, comienza a ser objeto de museo. El cultivo del tabaco ha ido languideciendo en las últimas décadas pero han quedado los bellos y sencillos secaderos, algunos de ellos ya declarados de gran interés cultural.

El secadero que ocupa el Centro de Interpretación es de construcción humilde pero merece la pena ver la restauración que se ha llevado a cabo con mucho esfuerzo en el edificio donde la falta de fondos imposibilita la recepción diaria de público. Después de la visita se puede explorar el formidable paraje de la Vega y otros secaderos cercanos.

Un secadero se componía de una sola superficie en una única planta y de aberturas en los muros para que el aire secara las hojas del tabaco que se colgaban en su interior. Se cubrían con troncos de chopo, ladrillo, latón o tejas y acogían en su interior hileras de racimos de hojas de tabaco colocadas boca abajo.

Contemplar las hojas enormes, verdes, expandidas, unidas en haces y atadas con cuerdas de esparto, secándose al sol es ver un cuadro fiel del espléndido pasado de la comarca. Eran los tiempos en los que las altas plantas de tabaco y las chimeneas de ladrillo de las fábricas de remolacha coloreaban los paisajes del entorno de la Vega.

La abundancia de agua y el fértil suelo de la llanura, bañada por los ríos Beiro, Darro y, sobre todo, Genil son la base sobre la que se cimentó este ancestral cultivo. El sistema de regadío usado era el mismo que implantaron los árabes y que continuó casi sin cambios hasta finales del siglo XX.

Diez días duraba el secado que facilitaba su corte para convertirse en picadura de tabaco, base de los cigarrillos. Se plantaba en mayo y se recogía a finales de verano.

A pesar de que hoy el tabaco se importa de otros países, aún se pueden ver en los plantíos de Belicena, Churriana de la Vega o Santa Fe a algunos labradores que continúan cuidando una pequeña plantación de tabaco junto a maizales o terrenos dedicados al girasol o a la cebada.

BUSTO DE 'EL CABEZÓN DE GABIA'

Una hiriente desproporción

Plaza de las Cabras
Las Gabias

Junto a la plaza del Ayuntamiento se erige desde 2011 una escultura a escala natural de la cabeza hidrocefálica de Manuel Fernández Baena, más conocido en vida como 'el Niño Gabia'.

'El Niño Gabia' hizo famoso al pueblo y a sus habitantes con fama de testarudos (cabezones) dentro y fuera de la provincia. Se hizo habitual comparar cualquier cabeza de grandes dimensiones o la testarudez con la expresión 'eres más cabezón que el Niño Gabia'. Pero también recuerda la agria historia de sufrimiento de un niño que, por el tamaño desmesurado de su cabeza, sufrió el escarnio de sus vecinos.

Lo más impresionante del busto, firmado por Javier Casares, es que está realizado a escala natural, reproduciendo un cráneo de 2.760 centímetros cúbicos (el doble de la media y sólo 15 centímetros por debajo del cráneo más grande conocido en el mundo, el de un peruano). Tras la muerte en 1917 de Manuel su cráneo fue entregado como una rareza histórica al Museo Anatómico de la Facultad de Medicina de Granada. Hoy día es motivo de orgullo para su pueblo, tanto que incluso uno de los cabezudos de la comitiva del Corpus granadino le recuerda.

Lo normal es que Manuel hubiera fallecido nada más nacer, en 1868, pero por suerte o por desgracia, el niño sobrevivió hasta los 49 años de edad. Debió sufrir toda la vida las miradas, comentarios y risotadas de vecinos y forasteros que le veían recorrer el pueblo vendiendo lotería o pidiendo limosna unido a su desproporción imposible de ocultar. La Facultad de Medicina, allá por el año 1900, realizó las gestiones pertinentes para que el muchacho recibiera una paga que garantizara su supervivencia, asegurándose también mediante esta subvención que la familia donara la cabeza del muchacho a la ciencia una vez que falleciera.

La hidrocefalia provoca que las facultades mentales se vean seriamente disminuidas, pero en el caso de 'el Niño Gabia' su hidrocefalia era parcial, lo que hizo posible que fuera más longevo, cuando lo normal en estos casos es que los que la sufren no superen la infancia. A pesar de ello, su cara siempre pareció la de un niño.

CRIPTOPÓRTICO-BAPTISTERIO ROMANO

El único baptisterio romano de España

Las Gabias
Acceso: Gabia (Granada), carretera de Granada a Motril, desviación a la
derecha en el Km. 3
Visita previo contacto con los propietarios (preguntar por ellos en el pueblo)

A tan sólo 7 kilómetros de la capital, en la localidad de las Gabias, en la Vega de Granada, se encuentra el único baptisterio romano completamente conservado que existe en la península.

Su existencia ha pasado desapercibida durante años por un desencuentro entre la Administración y los excéntricos dueños del terreno, conocidos popularmente como 'los Toleos'. Para realizar la

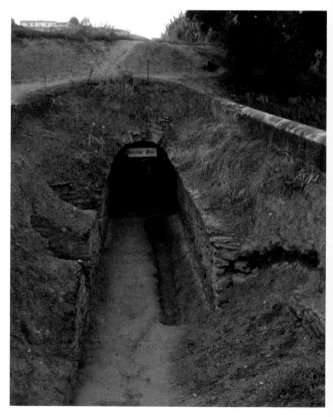

visita era necesario contactar con ellos, quienes lo enseñaban de una manera bastante peculiar y simpática.

Fue un labrador del pueblo, propietario del terreno, quien, en 1920, se topó accidentalmente con el primer indicio de que había algo bajo tierra. Él mismo se ocupó de ir desenterrando una cripta subterránea de la que sólo se puede ver en superficie la falsa bóveda que cubre la zona central. Se conserva un largo corredor de acceso realizado en piedra de la zona y una sala interior donde se realizaban los bautismos en una pequeña pileta octogonal. En la sala central, bajo la bóveda, hay cuatro ventanales que debían iluminar el lugar. Un pequeño torreón con peldaños en forma de escalera de caracol completa el recinto.

Pronto se corrió la voz de que había aparecido este importante vestigio del pasado, pero los propietarios del terreno siempre reclamaron la propiedad del monumento.

En 1922 se realizó una excavación más sistemática, pero sin el debido control, lo que provocó que desaparecieran los restos decorativos encontrados. Otra excavación, en 1979, aportó más datos sobre el monumento que, no obstante, presenta en algunas zonas una más que dudosa restauración realizada de forma particular e inexperta.

La datación no acaba de ser clara, pues tal vez reutilizaron aquellos primeros cristianos granadinos un templo de época anterior, aunque los últimos estudios fechan su utilización en la época bizantina, a partir del año 554. En 1931, dado su alto valor arqueológico, fue declarada monumento histórico-artístico y en 2002 Bien de Interés Cultural, figura de protección legal que se amplió al entorno, al encontrarse vestigios de una gran villa romana que se proyecta excavar en el futuro.

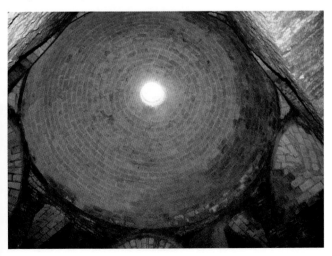

CAPILLA DE SAN VICENTE MÁRTIR

El santo de la Malahá

Calle Real – Plaza del Santo, 4
La Malahá
Para visitar, preguntar en el bar regentado por el hijo de María 'la del santo'
Donativo voluntario

En el pueblo de la Malahá, la sorprendente momia del siglo XIX que descansa dentro de una capilla privada es venerada por los habitantes como el cuerpo incorrupto de San Vicente Mártir. Vestido con traje de romano se trataría en realidad, según algunos, de un noble de la época habitante del lugar.

La versión más aceptada, sin embargo, es que se trata de una reliquia comprada al Vaticano por la familia Sánchez Mocho, a cambio de un pequeño donativo, y traída desde Italia en peregrinaje. Fue objeto de veneración en las iglesias de los lugares que atravesaron y los obispados fueron otorgando las indulgencias preceptivas.

Según los lugareños, se trata de 'San Vicente Mártir' de la Malahá (santo que no aparece en ningún santoral), que se exhibe recostado en unos cojines y portando en una mano una espada y en la otra una pluma. La sala está adornada con exvotos, diversos motivos de estilo mudéjar y un cuadro de grandes dimensiones del Señor de la Buena Muerte.

A la sala rectangular de la planta baja donde está la momia de la Malahá, se accede por una puerta lateral desde el zaguán de entrada. Comunica con el exterior por una ventana que facilita la oración desde la calle. El propietario de la casa, Rafael López, la compró al marqués de Alhendín, cuyo escudo heráldico corona el dintel de la fachada principal. El dueño se muestra orgulloso de poseer en su propia casa esta herencia 'santa' que entra en desigual competencia con la cercana iglesia parroquial, disputándole los fieles con tan 'sagrado' reclamo.

EN LOS ALREDEDORES
Baños romanos

En las cercanías del pueblo de la Malahá existen unas piscinas de aguas termales, construidas junto a los recónditos baños romanos, adonde acuden los lugareños a bañarse a cualquier hora del día desde tiempos remotos.

Las Salinas romanas

Las Salinas de la Malahá (a una altura de 780 metros sobre el nivel del mar) se encuentran en el arroyo Salado, al pie del cerro de la Almenara. Precisamente el nombre del pueblo (Malahá) procede de la existencia en sus proximidades de unas salinas (al-mallaha o 'Alquería de la sal').

ARCO DE LA CASA DE LAS GALLINAS

El arco nazarí de Monsieur Goupil

Pablo Neruda, s/n
Lancha del Genil

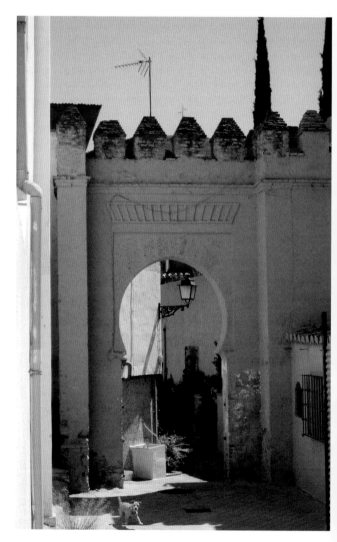

El arco nazarí del siglo XV que presidía la entrada de la enorme casona que el rico industrial francés Adolphe Goupil se hizo construir junto a su explotación aurífera pertenece en realidad a una de las casas de veraneo del rey Muley Hassan (Mulhacén).

Según los últimos hallazgos, la puerta fue fabricada para adornar una antigua alquería llamada Casa de las Gallinas, así denominada por haber encontrado los cristianos allí más de 1 500 de estas aves en el momento en que tomaron posesión de ella. También llamada Dar al-Wadi (Casa del Río), Dar-al-Huet o Daralgüit, fue otra de las muchas fincas rurales que perteneció a la realeza nazarí. La casa de estilo palaciego es hoy localizable gracias a una excavación arqueológica que se realizó allí.

No fue hasta finales del siglo XIX cuando el empresario parisino colocó la puerta con su arco nazarí en su actual emplazamiento. Marchante de arte de Gérôme o Fortuny, Goupil se hizo traer la puerta a su vivienda, donde quedó olvidada durante décadas hasta que fue redescubierta a finales del siglo XX y valorada en su justa medida.

El arco de herradura, coronado por un dintel almenado, carece hoy de las puertas que en su día cerraban el paso a los transeúntes, no así de las bisagras que las sujetaban.

Sorprende encontrar en un barrio alejado del centro histórico granadino un arco árabe, tan desubicado entre las modernas casas unifamiliares que lo emparedan.

Nadie puede imaginar que esta puerta, que hoy conduce a ninguna parte (actualmente está en mitad de una calle), formó parte de dos palacios, el primero árabe y el segundo neoárabe.

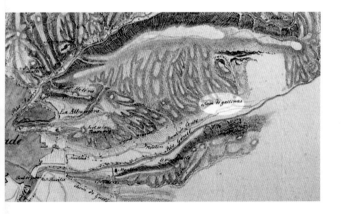

EL SEÑOR DEL CEMENTERIO

Curaciones milagrosas

Cementerio Municipal de San José
Paseo de la Sabica, s/n
958 22 18 64
8:00 a 20:00 horas (invierno) y de 9:00 a 18:30 horas (verano).
Bus 13 y C32

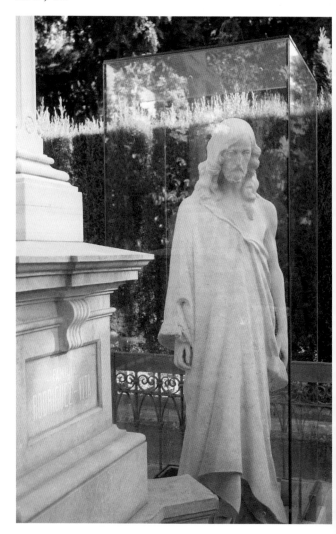

En el segundo patio del cementerio, el Señor del Cementerio Municipal de San José es una escultura de un Cristo levantada por un particular en su enterramiento al que la tradición de los granadinos ha acabado por atribuirle tal nombre. Con fama de milagrosa, la imagen de este 'señor de las penas' concitaba a los dolientes a colocarle flores, pasarle algún objeto personal para impregnarlo de su halo de santidad o tocarlo, hasta el punto de que acabaron por dañar la piedra que compone la figura. Ante su deterioro, los responsables de la conservación del lugar optaron por cubrir la imagen restaurada con un cristal blindado para evitar un nuevo deterioro en la integridad física de este Cristo tan sufrido.

La talla del Señor del Cementerio fue encargada para velar por el alma del médico Manuel Rodríguez Torres por su familia en el año 1907 y donado a la ciudad después. El médico fue en vida muy querido y sus muchos pacientes acudían ante su tumba a agradecerle su filantropía. La mitificación del buen doctor fue trasladada con el tiempo a la escultura que preside el panteón, considerado hoy día vehículo de la curación milagrosa de los que hasta allí acuden a rezar o incluso a cantar.

Muhammad Asad, el judío austriaco converso que participó en la creación del Pakistán

Entre las muchas personas enterradas en la zona musulmana del camposanto se encuentra la tumba de un periodista y diplomático austriaco llamado Muhammad Asad (Lemberg, Ucrania 1900- Mijas, Málaga, 1992), un judío descendiente de rabinos que se convirtió al islam y fue conocido en vida como Leopold Weiss, corresponsal del diario alemán Frankfurter Allgemeine Zeitung. Fue, además, uno de los impulsores de la fundación del Estado de Pakistán.

Contactó con el islam durante un viaje como corresponsal a Israel en 1922 y cambió de religión en 1927, pasando a residir en Arabia Saudí, donde llegó a ser consejero del rey Abdulaziz bin Saúd. Al viajar a la India, comenzó a colaborar con Muhammad Iqbal en la creación del estado musulmán de Pakistán, llegando a formar parte de la delegación ante Naciones Unidas de este país.

El cuerpo de Muhammad Asad yace, como otros tantos mahometanos, con la cabeza orientada hacia la Meca y envuelta en un sencillo sudario para que su cuerpo pueda estar en contacto directo con la tierra.

CASA DEL MOLINO

La última casa de los 'otros' Granada Venegas

Parque de la Casa Molino de los Aragones
Tras Torre, s/n – Monachil
Teléfono Ayuntamiento de Monachil: 958 301 230
cultura@monachil.es
De lunes a viernes de 10 a 14 h
La visita debe concertarse previamente con la Concejalía de Cultura del
Ayuntamiento de Monachil

En una enorme, misteriosa y céntrica casona de Monachil se puede conocer algo más sobre una de las ramas más desconocidas de la ya de por sí peculiar familia Granada Venegas, herederos de la sangre real nazarí que permanecieron en tierra granadina durante siglos. En concreto, en Monachil tuvieron su solar los Venegas Pintor y Pérez Valiente, rama segundogénita que acabó entroncando nada menos que con los Moctezuma, descendientes del emperador azteca.

Conocida popularmente como 'Casa del Molino', 'Casa de los Señores de Aragón' o como 'la casa de las señoricas', es la última construcción nobiliaria en pie de la zona. En su interior (pendiente de una profunda

restauración) se puede apreciar una almazara intacta y diversas dependencias de una hacienda de la nobleza rural local. Tras la fachada principal, con dintel y escudo heráldico de cantería, las columnas dóricas sostienen sobre el patio antiguo un segundo piso acristalado. Dentro de la mansión cuelga un cuadro de la Virgen que tiene por detrás esta leyenda: "verdadero retrato de Ntra. Sra. La Virgen de las Angustias". En el interior de las estancias se encuentra el citado molino, con sus muelas, el tornillo de abastecimiento y las distintas poleas que transmitían el movimiento, así como la prensa del aceite.

El conjunto se componía en realidad de dos viviendas. La más antigua y pequeña es una reconstrucción que realizó Alonso de Venegas en el siglo XV sobre un emplazamiento anterior. El segundo edificio se añadió en 1780 y era propiedad de José Pedro Pérez Valiente, un rico hombre del pueblo. La casa fue adquirida a principios del siglo XX por la familia Aragón, conocida en el pueblo como 'los señoricos de Aragón', de ahí que fuera llamada por todos 'la casa de las señoricas'. El recinto fue incluso ocupado, con el trascurrir de los años, por una descendiente del emperador Moctezuma (ver página 60), apellido que se integró en el escudo familiar que hoy luce en el retablo mayor de la iglesia de Monachil. Finalmente, pasó a ser propiedad del Ayuntamiento en el año 2004.

PARAJE 'EL CHARCÓN'

Una piscina en el nacimiento del río Genil

Camino del Charcón, s/n
Güejar Sierra

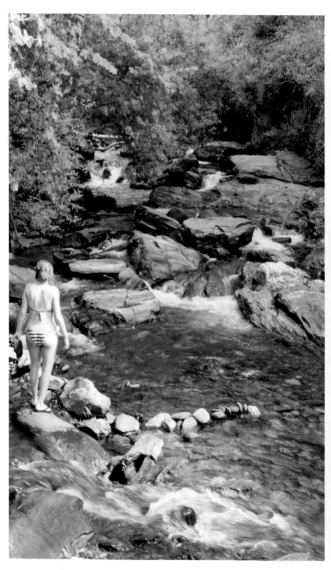

En el río Maitena, río Genil arriba, se abre el Charcón bajo una pérgola de árboles cercanos, desde donde se ve la puesta del sol entre los riscos del Barranco de San Juan, verdeando todas las gamas del amarillo entre pinares y olivos.

Es un paraje de ensueño que en tiempos fue una de las principales paradas del tranvía a Sierra Nevada y hoy es el primer hito.

Cada verano la gente acude en bañador a chapotear en el tiempo pasado, después de una comida opípara en el restaurante allí instalado y con el café a la sombrita fresca, mientras unos metros más allá el río crepita en cascada libre, mirando a unos bañistas como de época, descendiendo hacia la charca por la escalera.

Hay varias pozas, naturales o artificiales, que también merecen la pena, a lo largo del camino que corre paralelo al río, por donde era habitual que pasara el antiguo tranvía hasta 1973. El camino de la Vereda de la Estrella es una ruta idílica para hacer piernas y llenar los pulmones de vida. También hay zonas de acampada donde charlar entre amigos hasta bien entrada la tarde, entre bañito y bañito, una perfecta compensación a las tórridas tardes del verano granadino.

El río, con su nacimiento en Sierra Nevada, desciende en torrente hacia la presa para después encaminarse hacia La Vega y Granada. Cerca de su paso queda el Hotel del Duque, hoy lugar de retiro del Arzobispado.

Algo tiene El Charcón de paraje nórdico en pleno verano granadino. No hay bicicletas ni gente rubia, pero sí una umbría y un airecillo que podría ser el de Garmich-Partenkirchen en Alemania o el de un merendero en Versalles.

ASCENSIÓN NOCTURNA AL VELETA

Noche en las cumbres

Agencia Sierra Nevada Club
902 708 090
agencia@sierranevadaclub.es
sierranevadaclub.es/
Sábado a las 19.30 h (invierno); escapadas puntuales (verano)
Sujeto a condiciones meteorológicas favorables
Reserva previa
Tarifa: 15 € /persona

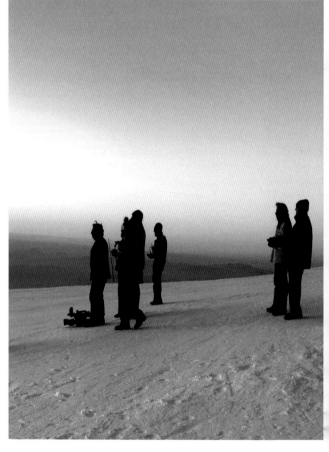

La excursión nocturna a la nariz pelada del Veleta, el tercer punto más alto de la Península Ibérica (3 395,68 m), es una de las experiencias 'diferentes' que organiza desde hace unos años la estación de esquí de Sierra Nevada durante el largo invierno granadino.

La ascensión se realiza en máquinas pisa-pistas, partiendo desde Pradollano y subiendo por las laderas nevadas, ya vacías de esquiadores, hasta la cumbre del Veleta.

Las vistas desde allí son prodigiosas. En buenas condiciones de visibilidad, se divisan hasta las luces de Marruecos, o las de los chiringuitos playeros de Motril o Carchuna.

El frío es aterrador, pero los guías de esta ruta única ofrecen una copa de vino con tapa para aligerar los rigores de los 15 o 20 grados bajo cero que se alcanzan en aquellas cumbres cuando ya se ha puesto el sol.

EN LOS ALREDEDORES
La cena a mayor altura de Europa

Restaurante La Alcazaba de Borreguiles
Imprescindible reservar con la Agencia Sierra Nevada Club con 72 horas de antelación
902 708 090
agencia@sierranevadaclub.es
De diciembre a mayo, según la temporada de esquí: de 20.30 a 22.30 h los sábados que se realice esquí nocturno
Subida en telecabina a las 20 horas. Bajada: en máquina o esquiando, coincidiendo con la última bajada del telecabina de esquí nocturno
Grupos: mínimo 50 personas. En caso de menos comensales, consultar disponibilidad y precios.
Precio: desde 50 €/persona. Incluye la bajada en telecabina, en máquina o esquiando.

En las cumbres del Veleta, cabe la posibilidad de cenar en el restaurante La Alcazaba de Borreguiles, en el epicentro de la estación de esquí, donde ofrecen la 'Cena a mayor altura de Europa', es decir, a más de 2 700 metros de altitud.

El origen real de 'Veleta'

El nombre del Veleta suele asimilarse etimológicamente a 'la veleta' que señala la dirección del viento en los tejados o a una derivación de 'vela' por su silueta flamígera. Sin embargo, como sustantivo masculino que es, su nombre en realidad proviene del árabe *balata*, sinónimo de 'balate', palabra muy granadina y de uso común que significa 'cortado' o 'tajo'. La verdadera referencia alude a los profundos abismos que se perciben desde la cumbre de más de 500 metros de desnivel.

La paz de las papas

En plena Guerra Civil se instauraron acuerdos tácitos para bombardear al enemigo a unas horas fijas, prescindiendo de los proyectiles a otras. Era la llamada 'paz de las papas': periodos nocturnos durante los cuales los milicianos hacían la vista gorda mientras el enemigo traspasaba las líneas para ir a buscar las patatas de montaña, enterradas en hoyos para evitar que se congelaran. Existía una especie de pacto para no incordiar al contrario cuando, de noche, iban a por su 'sacopapas'. Incluso se encontraban a veces, nacionales y republicanos, metidos en el mismo hoyo rebuscando papas a la luz de la luna.

Refugios de la Guerra Civil

Durante el verano, con el deshielo y sin los habituales 2 o 3 metros de nieve que acumula la cumbre a 3 100 metros de altura, se observan con claridad las Posiciones del Veleta, antiguos parapetos de uso militar que constituyen unas valiosas reliquias de la Guerra Civil.

Se usaban para vigilar el paso de la Alpujarra (republicana) desde la vertiente norte (nacional). Allí se estableció, en la cumbre del Veleta, la XIII Brigada Internacional 'Dombrowski', un grupo de milicianos internacionales que, después de la derrota republicana en Málaga en 1937, intentó sin éxito reconquistar Motril. Llegaron a Sierra Nevada a través de las Alpujarras. En Trevélez contuvieron a los nacionales que se vieron obligados a retirarse de la cumbre del Mulhacén. La Brigada Internacional consolidó una férrea línea de frente a 3 100 metros de altura, aunque el frío insoportable hizo de este emplazamiento un asentamiento más estratégico que bélico.

Sólo hubo un enfrentamiento por la toma del pico del Veleta a finales de julio del 36.

Durante la época franquista también los 'maquis', especialmente la partida del Yatero, con 300 hombres en sus momentos de mayor fortaleza, hicieron uso de estos refugios con pequeños ventanucos para vigilar desde las alturas cualquier movimiento enemigo.

El Marqués del Mulhacén

En 1870 el General Ibáñez Ibero, Marqués de Mulhacén, inició unos estudios geodésicos mediante la conexión visual de la cota del Mulhacén (Sierra Nevada) y de Tetica (Sierra de los Filabres) con otras dos cotas en Argelia. Para ello, hubo que transportar maquinaria mediante burros o incluso carretas de bueyes. Hizo construir en la sierra caminos y habitáculos para científicos y militares de los que aún quedan restos. Inventó el 'aparato Ibáñez' para medir la base de triangulación geodésica e impulsó la elaboración de un mapa topográfico de España a escala 1:50 000.

Thomas Jonglez

Fue en septiembre de 1995, en Peshawar, Paquistán, a 20 kilómetros de las zonas tribales que visitaría días más tarde, cuando a Thomas se le ocurrió poner sobre el papel los rincones secretos que conocía en París. Durante aquel viaje de siete meses desde Pequín hasta París, atraviesa, entre otros países, el Tíbet (en el que entra clandestinamente, escondido bajo unas mantas en un autobús nocturno), Irán, Irak y Kurdistán, pero sin subirse nunca a un avión: en barco, en autostop, en bici, a caballo, a pie, en tren o en bus, llega a París justo a tiempo para celebrar la Navidad en familia.

De regreso a su ciudad natal, pasa dos fantásticos años paseando por casi todas las calles de París para escribir, con un amigo, su primera guía sobre los secretos de la capital. Después, trabaja durante siete años en la industria siderúrgica hasta que su pasión por el descubrimiento vuelve a despertar. En 2005 funda su editorial y en 2006 se marcha a vivir a Venecia. En 2013 viaja, en busca de nuevas aventuras, con su mujer y sus tres hijos durante seis meses de Venecia a Brasil haciendo paradas en Corea del Norte, Micronesia, Islas Salomón, Isla de Pascua, Perú y Bolivia. Después de siete años en Rio de Janeiro, vive ahora en Berlin con su mujer y sus tres hijos.

La editorial Jonglez publica libros en nueve idiomas y en 40 países.

Síguenos en Facebook, Instagram y Twitter

AGRADECIMIENTOS

Ignacio Maury Rodríguez-Bolívar, Max Mederer, Ana Cristina Benítez, Guillermo García Alcaide, Luis Fernández Yudes, David Rodríguez Fernández, Mariano Cruz, Isidoro (del aljibe del Cuti), Gabriel Ruiz Zafra, Carmen Enríquez de Luna y del Mazo, Simona Calía, Francisco Fernández Fábregas, Lía Guerrero Giraldo, Frutos Granados, José Ildefonso González Morillo, Tatjana Portnova, Noelle Nicholson, Mercedes Moll de Miguel, Ignacio Requesens y A. K.

Fundación Legado Andalusí, UIM, CCU Casa de Porras-UGR, Convento de Bernardas Reales, Fundación de Escuelas del Ave María, Asociación Vaivén Paraíso, Hotel Cortijo del Marqués, Miguel 'Toleo', propietarios de la Casa del Santo, Patronato de Turismo de la Diputación de Granada, Consorcio Parque de las Ciencias, Unidad de policía del subsuelo de la Policía Nacional de Granada y Confederación Hidrográfica del Guadalquivir.

Lorena Marín Torres, Felipe Afán de Ribera Sánchez de la Cuesta, Alejandro García, Deñir y al editor Thomas Jonglez por su confianza, amistad y paciencia.

CRÉDITOS FOTOGRÁFICOS:

Todas las fotografías de esta guía han sido realizadas por la fotógrafa **Dunya El-Sahoud** a excepción de: Jesús Vallecillos (págs. 20, 80, 184, 206 y 207, 219), Javier Satori (pág. 46), Archivo de La Opinión de Granada/José Ruiz de Almodóvar (pg. 131), Mazintosh (pág. 106), Fundación El legado andalusí (págs. 49 y 62), Archivo del director del Museo de Ciencias del Instituto Padre Suárez (pág. 22).

Cartografía: **Cyrille Suss** - Maquetación: **Emmanuelle Willard Toulemonde** - Traducción: **Patricia Peyrelongue** - Corrección de estilo: **Anahí Fernández** - Revisión de estilo: **Lourdes Pozo** - Edición: **Clémence Mathé**

© JONGLEZ 2022
Depósito legal: Marzo 2022 – Edición: 02
ISBN: 978-2-36195-304-1
Impreso en Bulgaria por Dedrax